투자 대가들의
위대한 오답 노트

투자 대가들의
위대한 오답 노트

치명적인 실수를 예방하는 주식 투자 종합 백신

BIG MISTAKES

마이클 배트닉 지음 | 김인정 옮김 | 신진오 감수

에프엔미디어

실수도 게임의 일부다

지혜를 얻는 데는 세 가지 방법이 있다.
첫째는 성찰하는 것으로 가장 고상한 방법이다.
둘째는 모방하는 것으로 가장 쉬운 방법이다.
셋째는 경험하는 것으로 가장 어려운 방법이다.

– 공자

주식시장에서 돈을 버는 것은 어려운 일이다. 당신이 펀드매니저든 개인 투자자든 '이렇게 미련할 수가 있나' 싶은 순간이 찾아올 때가 있다. 증시가 하락할 때는 다 같이 비참해지겠지만, 때로는 홀로 섬에 고립된 기분이 들 때도 있다. 주가가 두 배로 오른 주식을 샀더니 곧장 하락하는 경우가 그렇다. 그보다 더한 상황은 손실이 발생한 주식을 내다 팔았더니 그 뒤로 1년 내내 주가가 올라 결국 두 배로 뛰는 경우다. 이쯤 되면 시장의 신이 자신을 조롱한다는 생각까지 든다.

투자가 얼마나 어려운지는 직접 경험해보면 잘 알 수 있다. 투자 대가들이 저지른 중대한 실수를 통해 배우는 것이 두 번째로 좋은 방법이다. 이것이 바로 이 책을 쓴 이유다. 제시 리버모어에서 워런 버핏, 잭 보글에 이르기까지 성공한 투자가는 한결같이 그 성공에 필적할 만한 실패를 경험했다. 이 중에는 부작위의 오류errors of omission가 있다. 버핏과 찰리 멍거가 아마존 주식을 매수하지 않은 것이 이 경우에 해당한다. 작위의 오류errors of commission도 있다. 스탠리 드러켄밀러가 2000년 초 고점에서 기술주를 매수한 경우다. 이 책은 이 같은 거장의 사례에 독자 자신이 범한 실수를 연관 지어 되돌아보고, 일시적 곤경은 우리 모두가 경험해온 것이라는 사실을 이해하는 데 도움이 되고자 했다.

피터 린치에서 개미에 이르기까지 모든 투자자는 감정에서 자유로울 수 없다. 우리는 위험을 회피하고, 매수 가격에 집착하고, 사후 확신 편향hindsight bias*에 휘둘린다. 우리가 경험하는 실패는 대개 자초한 것이어서 실수를 객관적으로 처리하기가 상당히 어렵다. 따라서 과거의 실수가 미래의 판단을 방해하지 않도록 방법을 찾아야 한다.

사람들은 대개 남의 성공을 재현하려고 노력한다. 농구 선수

---

* 어떤 일의 결과를 알고 난 뒤 처음부터 그럴 것으로 예상했다고 믿는 심리를 지칭한다. 자기의 판단, 지식 등을 실제보다 과장되게 평가하는 경향에서 비롯되는 현상이다. 후견지명 편향이라고도 한다.

코비 브라이언트는 마이클 조던을, 헤지펀드매니저 폴 튜더 존스는 제시 리버모어를 연구했다. 쉽게 이해가 가는 일이다. 조금 다른 방식으로 접근하는 사람도 있다. 이들은 실패 사례를 연구하고 그 사람이나 기업이 저지른 실수를 피하려고 노력한다. 멍거가 "내가 어디서 죽을지만 알고 싶다. 그쪽으로 절대 가지 않으면 되기 때문이다"라고 말한 것과 같은 맥락이다. 이 책은 이처럼 다양한 접근 방식을 모아 소개하는 가운데, 특히 뛰어난 성공을 거둔 투자자의 실패에 주목했다. "이 방법은 효과가 없었으니 따라 하지 마세요"라고 말하려는 것이 아니다. 실수를 저지르더라도 그것이 게임의 일부라는 것을 인식하도록 하려는 것이다. 노력을 요하는 여느 일들과 달리 투자는 오로지 연습을 통해서만 배울 수 있다. 심장 수술에 관한 책을 읽었다고 해서 3중 우회술을 실시할 수는 없는 것처럼 투자도 책만으로는 배울 수 없다. 그저 하고 또 하고, 반복해야만 한다.

이 책은 투자 방법을 알려주기 위해 쓴 것이 아니다. 이 책에서 단 한 가지만 기억해야 한다면 그것은 바로 '투자는 극히 어려운 일'이라는 사실이다. 우리는 실수를 저지를 것이다. 그리고 그 실수를 반복할 것이다. 새로운 실수도 알게 될 것이다. 실수란 실수는 모두 파악했다고 생각하는 순간 시장은 우리를 다시 한번 겸손하게 만들 것이다. 이것을 당연하게 받아들여야만 사소한 걸림돌을 심각한 문제로 키우지 않을 수 있다. 부정적인 생각에 뇌가 중독되고 나면 그것을 제거하기가 매우 어렵다.

성공한 투자가에게 발견되는 가장 중요한 공통점은 바로 통제 가능한 것을 걱정한다는 사실이다. 그들은 시장이 어느 방향으로 나아갈지, 연방준비은행이 무엇을 할지, 다음 해 물가 상승률이나 금리가 어떻게 될지 걱정하느라 시간을 낭비하지 않는다. 그들은 자기가 가진 능력범위circle of competence가 아무리 좁아도 그 안에 머무른다. 버핏은 말했다. "투자에서 중요한 것은 '얼마나 많이 아는가'가 아니라 '자신이 모르는 것이 무엇인지 얼마나 냉철하게 정의할 수 있는가'이다."

이 글을 쓰는 동안 내가 즐거웠던 만큼 독자 여러분도 즐겁게 읽어주기를 바란다.

마이클 배트닉

차례

벤저민 그레이엄
Benjamin Graham

절대 불변의 법칙은 없다

월가에서 50년을 보내는 동안,
주식시장이 어떻게 될지는 갈수록 종잡을 수 없었으나
투자자가 어떻게 행동할지는 점점 더 확실히 알게 되었다.
이것은 굉장히 중요한 태도의 변화다.

— 벤저민 그레이엄

200년쯤 지나면 허벌라이프를 상대로 빌 애크먼이 벌인 성전을 기억하는 이는 없을 것이다. 주택시장의 거품 붕괴를 예측한 존 폴슨의 투자도 잊힌 지 오래일 것이다. 찰리 멍거가 세운 원칙도 21세기의 쓰레기통에 던져질 것이다. 위대한 투자가는 새롭게 등장하고 사라진다. 이 책에서 다루는 인물 대부분은 후세에 잊힐 것이다. 그러나 오랜 세월이 흘러도 건재할 이름을 단 하나만 꼽아야 한다면 그것은 벤저민 그레이엄이다.

이 '월가의 스승'은 영원히 기억될 것이다. 그레이엄의 가르침은 시대를 초월하기 때문이다. 위대한 저서 《증권분석Security Analysis》에 담긴 교훈은 1934년에 그랬듯 지금도 유효하고 200년 후에도 마찬가지일 것이다. 시간이 흘러도 인간의 본성은 변하지 않고 "증권의 영역에 분석을 적용할 때 투자는 본질적으로 정밀과학이 아니라는 장애물에 부딪힌다는 사실"도 달라지지 않는다.[1]

수학에 재능이 있었던 그레이엄은 증권 분석에 물리학의 법칙이 적용되지 않는다는 사실을 알았다. 그가 걸어온 빛나는 여정은 아무리 강조해도 지나치지 않다. 저널리스트인 제이슨 츠바이크의 표현을 빌리면 "그레이엄 이전의 펀드매니저는 주로 미신, 추측, 신비로운 의식에 의존하는 중세 길드의 조합원처럼"[2] 활동했다. 투자와 그레이엄의 관계는 비행과 라이트 형제의 관계와 같다. 비행기와 라이트 형제의 이름이 영원히 불가분의 관계이듯 금융과 그레이엄의 이름도 마찬가지일 것이다.

그레이엄은 신문에 실린 주가가 기업의 내재가치와 항상 일치하지는 않는다는 사실을 알았다. 당시 이 사실을 아는 사람은 거의 없었다. 라이트 형제 이야기가 나온 김에 돌아보자면, 그레이엄은 이렇게 언급했다.

라이트 에어로노티컬의 경우 과거 실적을 고려할 때 기업의 내재가치는 대략 주당 8달러로 추정된다. 아무리 미래를 반영하더라도 주당 280달러가 터무니없는 가격이라는 것은 분명하다. 애널리스트는 이 기업의 실제 가치가 주당 20달러인지 아니면 40달러, 50달러, 80달러인지 판단하기 어려울 것이다. 그러나 정확한 가치를 산출하지 않고도 280달러보다는 8달러가 본질적으로 매력적인 가격이라는 판단을 할 수 있다는 점은 다행이다.[3]

《증권분석》은 월가의 전문가를 대상으로 쓰였다. 그러나 그레이엄의 이름을 영원히 살아남도록 할 책은 바로 《현명한 투자자 The Intelligent Investor》다. 《현명한 투자자》는 내가 처음으로 읽은 금융 분야 서적으로, 내 블로그 명칭('하찮은 투자자')을 이 책에서 따올 만큼 강렬한 인상을 받았다. 《증권분석》과 달리 《현명한 투자자》는 일반 투자자를 대상으로 쓰였는데, 100만 부 이상 판매되어 그 목표를 달성했다. 워런 버핏은 이렇게 말했다. "1950년, 열

아홉 살 때 이 책의 초판을 읽으며 그때까지 나온 투자서 가운데 가장 훌륭한 책이라고 생각했다. 그 생각은 지금도 마찬가지다."[4] 투자에 관해 배우려는 사람은 '순운전자본net working capital', '자기자본이익률return on equity' 같은 낯선 용어를 가격price, 가치value 같은 평범한 표현으로 옮긴 그레이엄을 접하게 된다.

그레이엄은 증권 분석이라는 분야를 최초로 개척했다. 저널리스트이자 작가인 로저 로웬스타인은 "그레이엄 없는 투자는 마르크스 없는 공산주의다"라고 했다.[5] 그레이엄은 다방면에 박식했다. 멍거는 그레이엄을 "눈부신 인물", "당대 투자 업계에서 독보적인 지식인"[6]이라고 칭했다. 불과 스무 살에 컬럼비아대에서 마지막 학기를 보내던 그는 영문과, 수학과, 철학과에서 동시에 강의 제안을 받았다. 갑작스러운 제안에 어찌할 바를 몰라 고민하던 그는 학장을 찾아가 조언을 구했다. 마침 뉴욕증권거래소 관계자가 학장을 찾아와 우수한 학생을 추천해달라고 부탁하고 있었다. 학장은 주저 없이 그레이엄을 소개했다.

그레이엄이 월가에 발을 들인 때는 1914년, 제1차 세계대전으로 뉴욕증권거래소가 4개월간 폐쇄되기 바로 전이었다. 아직 스무 살에 불과했고 대학에서 경제학을 배운 적도 없었던 그레이엄은 증권과 수표를 나르며 밑바닥에서 일을 시작했다. 한 달 만에 채권 부서 보조원으로 승진한 그는 계속해서 두각을 드러내며 6주 뒤에는 일일 시황 보고서를 작성하기 시작했다.

그레이엄은 1928년부터 28년간 컬럼비아 경영대학원에서 학생을 가르치는 동시에 뉴욕증권거래소의 교육 기관(현 뉴욕금융연구원)에서 10년간 강의를 맡았다. 그의 강의는 월터 슐로스, 어빙 칸, 빌 루안 같은 학생을 끌어모았다. 그레이엄의 원칙을 이용해 지구상에서 최고 부자가 된 버핏 역시 그의 제자였다.

그레이엄은 투자 세계의 러시모어산*에 길이 새겨진 얼굴이다. 그는 투자로 엄청난 성공을 거둔 후에도 기꺼이 고객의 돈을 맡아 운용했고, 다음 세대에게 자신처럼 성공하는 방법을 가르쳤다. 그가 강의와 책으로 전한 가르침은 앞으로도 영원히 살아남을 것이다. 그러나 우리는 그의 실패를 통해서도 많은 것을 배울 수 있다. 가치와 가격의 차이를 알린 그에게 투자자가 배워야 할 가장 중요한 교훈은 바로 가치투자가 만능은 아니라는 사실이다. 제아무리 싼 것도 더 싸질 수 있다. 부자도 더 큰 부자가 될 수 있다. 안전마진margins of safety은 잘못 계산될 수 있고 제 가치가 실현되지 못할 수도 있다.

시장 대비 훨씬 빠른 이익 증가가 기대되는 기업을 찾는 투자자도 있고 부진한 현재 주가에 비해 미래 전망이 괜찮은 기업을 찾는 투자자도 있다. 선호하는 주식이 성장주든 가치주든 혹은 그 중간쯤이거나 전혀 다른 것이든 관계없이 모든 투자자는 주식

---

* 미국 대통령 4명의 얼굴이 조각되어 있는 산.

의 실제 가치가 자신이 지불한 가격보다 더 높기를 바란다. 가치투자는 기업의 일부를 소유하는 데 실제 가치보다 더 낮은 가격을 지불했는지 여부를 판단하는 가장 효과적인 방법이다.

《증권분석》출판 당시인 1934년 다우지수Dow Jones Industrial Average는 100선을 기록하고 있었다. 84년이 지난 2018년 현재 지수는 22,000선을 웃돌고 연간 수익률은 배당 전 기준으로 6.7%에 이른다. 유명한 투자가 중에는 그레이엄에 의해 주류로 떠오른 가치투자를 추종하고 몇 가지 간단한 법칙을 지킨 덕분에 남보다 큰 수익을 올린 사람이 있다. 그 법칙은 결국 그레이엄이 제시한 '안전마진'이라는 개념으로 귀결된다. 그레이엄은 안전마진을 "내재가치 대비 실제 주가의 할인율"이라고 정의했다. 가격(주가)이 가치(기업의 내재가치)를 하회할 때 그 차이를 안전마진이라고 한다.[7]

안전마진은 공식을 이용해 구할 수 있고 그마저도 복잡하지 않다. 그레이엄은 순운전자본의 3분의 1 가격에 거래되는 주식을 좋아했다. 그는 이렇게 지적했다. "다우지수를 구성하는 종목 가운데 매년 주가수익배수(Price-to-Earnings Ratio, 이하 PER) 최하위 여섯 개 종목을 매수했다면 1933년 이후 놀라운 수익을 달성했을 것이다."[8]

그레이엄의 탁월성은 내재가치를 산출해낸 계산 방법에 있는 것이 아니라, 정확한 가치를 산출하는 것은 불가능하고 그것이 성공을 위한 필수 요건도 아니라는 사실을 이해했다는 데 있다. "정확한 나이를 몰라도 눈으로 보아 투표 가능한 나이라는 것은 충분히 알 수 있고, 정확한 체중을 몰라도 체중이 꽤 많이 나간다는 것은 충분히 판단할 수 있다."[9]

그레이엄은 시대를 훨씬 앞선 사람이었다. 그는 행동경제학이라는 용어가 존재하기 한참 전에 심리 상태가 재무 의사 결정에 미치는 영향과 그 방식을 설명했다. 행동경제학을 주류로 끌어올린 노벨상 수상자 대니얼 카너먼이 태어난 해에 그레이엄은《증권분석》을 출판했다. 그는 탄탄한 기업의 주가를 12개월 만에 50%나 끌어내리는 투자자의 인지적 편향과 감정적 편향을 일부 확인했다. 그는 제너럴 일렉트릭 사례를 검토했다. 주식시장은 제너럴 일렉트릭의 가치를 1937년 18억 7,000만 달러로 평가(시가총액)했지만 단 1년 뒤에 7억 8,400만 달러로 평가했다. 그레이엄은 이렇게 설명했다.

탄탄한 기업의 가치가 절반 이상 사라진 12개월 동안 분명히 아무 일도 일어나지 않았다. 투자자 사이에서도 1937~1938년의 실적 악화가 영구적으로 계속되는 것 아니냐고 비난하는 모습은 보이지 않았다. 제너럴 일렉트릭은 대중의 낙관적인 심리 덕분에 64.875달러에 팔렸다. 그리고 동일한 대중의 비관으로 인해 27.25달러에 팔렸다. 이 가격이 '내재가치' 혹은 '투자자의 평가'를 대변한다고 하는 것은 영어와 상식 둘 중 하나,

또는 둘 다에 대한 폭력이다.[10]

그레이엄은 학생과 독자에게, 가격은 사람이 결정하고 가치는 해당 기업의 사업이 결정하기 때문에 가격이 가치보다 더욱 큰 폭으로 변동한다고 가르쳤다. 그는 《현명한 투자자》에서 '미스터 마켓Mr. Market'이라는 가상의 인물을 통해 가격이 큰 폭으로 변동하는 현상을 함축해 설명했다.

당신이 비상장 회사의 지분 1,000달러를 가지고 있다고 가정하자. 동업자인 미스터 마켓은 아주 친절한 사람이다. 그는 당신이 보유한 지분의 가치에 대한 자신의 생각을 매일 이야기하고 더 나아가 그 생각을 기준으로 당신의 주식을 사거나 당신에게 주식을 추가로 팔겠다고 제안한다. 미스터 마켓의 가치평가가 회사의 발전 상황이나 전망 측면에서 어느 정도 설득력이 있고 타당하다는 사실을 당신도 알고 있다. 하지만 미스터 마켓은 종종 열정이나 공포에 압도되어 터무니없어 보이는 가치를 제시하기도 한다.[11]

오늘날 금융의 세계는 그레이엄이 투자를 실행하고 가르쳤던 때와 크게 달라 보인다. 1934년에는 1년 동안 3억 2,300만 주가 뉴욕증권거래소에서 거래되었다.[12] 지금은 하루에 그 열 배가 넘는 거래가 이루어진다. 우리는 슈퍼컴퓨터가 경제 보고서와 기업

재무제표에 포함된 단어를 즉시 분석해내는 시대에 살고 있다. 반면 그레이엄 시대에는 분기별 재무제표가 표준으로 통하기는 했지만 법으로 강제된 것은 아니었다. 정보를 제공한 기업의 경우에도 정해진 보고서 양식이 없었다. 기업의 실적 보고서는 당기순이익만 표시한 것부터 세부 항목을 제시한 손익계산서와 재무상태표를 포함한 경우까지 다양했다. 그레이엄은 최소한 매출, 당기순이익, 감가상각비, 이자 비용, 영업외 수익, 법인세, 배당금 및 이익잉여금 조정 등이 기재된 손익계산서를 찾아보려 했으나 증권거래법이 발효되기 전이어서 이와 같은 세부 항목을 제공하는 기업은 전체의 절반에도 못 미쳤다.

그레이엄의 표현을 빌리면 가치투자는 마지막 한 모금 남은 시가 꽁초cigar butt*에 해당하는 기업을 사는 행위다. 이러한 기업은 상당한 부동산과 생산 시설, 장비, 재고, 원재료를 보유했다. 유형자산을 측정하고 내재가치를 산출하기는 어렵지 않았다. 안전마진 유무를 판단하는 것은 여기서 출발한다.

그레이엄이 살아 있다면 일부 기업의 가치평가 방식을 이해할

---

* 시가는 끝까지 태우면 강한 맛이 나 전부 태우지 않고 일부러 끝을 남겨둔다. 또한 담배와 다르게 비벼 끄지 않고 재떨이에 놓아두어 자연스럽게 꺼지도록 한다. 따라서 피우다 버린 시가에는 거저 피울 수 있는 한두 모금이 남아 있다. 최상품 시가라면 공짜로 빨아들이는 마지막 한 모금이 더욱 귀하다. 그레이엄의 'cigar butt' 비유는 흔히 '(길거리에 버려진) 담배꽁초'로 번역되지만, 위와 같은 시가의 특성과 '좋은 주식을 가능한 한 싼 값에 사는 것'이 가치투자라는 비유의 의도를 고려해 이 책에서는 '시가 꽁초'로 번역했다.

수 없을 것이다. 예를 들어 월마트는 2017년 기준 과거 5년 동안 매출액 2조 4,000억 달러에 순이익 750억 달러를 기록했다. 매출액순이익률은 3.15%였으나 시가총액 36억 달러가 사라졌다. 반면 아마존은 지난 5년 동안 매출액 4,900억 달러, 순이익 35억 달러를 기록했다. 매출액순이익률은 0.73%였으나 시가총액은 3,500억 달러 늘었다.[13] 가치투자는 직관적이고 타당하지만 인간의 감정은 상식을 압도하기도 한다. 가격은 청산가치 아래로 떨어질 수 있고, 합리적으로 기대되는 기업의 잠재적 성장 가능성을 크게 뛰어넘을 수도 있다. 그가 오늘날 시장을 본다면 상장지수 펀드(Exchange Traded Fund, ETF), 고빈도 매매high-frequency trading는 모르더라도 여전히 투자자의 감정에 좌우되는 매매가 낯설지 않을 것이다. 손실에 대한 공포, 그리고 기회를 놓칠지 모른다는 공포에 휘둘리는 오늘날 투자자의 행동 방식은 그레이엄에게도 매우 익숙할 것이다.

로저 로웬스타인은 이렇게 말했다. "대학에서 공부한 유클리드의 정리만큼이나 준엄한 학문 분야로 자신의 투자 철학을 다듬기까지 그레이엄은 20년이 걸렸다. 말하자면 주식시장이 호황을 누렸던 '광란의 20년대*'부터 암울하고 황폐했던 1930년대 초반까지 한 주기가 온전히 소요된 것이다."[14] 처음으로 돌아가 보자.

---

* 1920년대. 구체적으로 제1차 세계대전 종전일인 1918년 11월 11일부터 주식시장이 대폭락한 1929년 11월 13일까지를 가리킨다. 1930년대 대공황을 예비했던 시기이기도 하다.

그레이엄은 1923년에 그레이엄 코퍼레이션이라는 투자조합을 만들었다. 그는 고평가된 주식을 공매도short sale하고 동시에 저평가된 주식을 매수하는 차익 거래 기법을 적용했다. 그레이엄 코퍼레이션을 2년간 운영한 뒤 1926년에는 벤저민 그레이엄 조인트 어카운트(이후 제리 뉴먼이 합류해 그레이엄-뉴먼 코퍼레이션이 되었다)를 설립했다. 첫 20% 수익의 20%를 보수로 차감하고, 그 다음 30% 수익의 30%, 그리고 나머지 수익의 50%를 받는 구조였다. 1926년 그는 32% 수익을 올렸다. 다우지수의 상승 폭은 0.34%에 불과했다. 그레이엄의 성공 소식은 월가 전체에 퍼졌고 유명한 금융가 버나드 바루크Bernard Baruch는 그에게 동업을 제안했다.

으쓱한 기분이었지만, 1년 전 60만 달러를 번 그레이엄으로서는 제안에 응할 이유가 없었다.[15] 그는 45만 달러로 시작해 단 3년 만에 250만 달러로 불렸다.

그러나 그레이엄에게도 실패는 멀리 있지 않았다.

1920년대 엄청난 강세장의 마지막 해, 벤저민 그레이엄 조인트 어카운트는 60% 수익을 올려 49.47% 상승한 다우지수 대비 초과수익률을 기록했다. 1929년 마지막 몇 달간 시장이 급락세로 전환했을 때, 가격이 너무 싸고 미스터 마켓이 터무니없는 소리를 한다고 생각한 그레이엄은 숏 포지션을 정리하고 전환우선주를 계속해서 보유했다. 그는 1929년을 20% 손실로 마감했다.

같은 해 다우지수는 17% 하락했다. 그는 '목욕물에 아기가 휩쓸려 떠내려가는' 극단적인 상황에서는 안전마진도 의미가 없다는 것을 배웠다.

1930년, 최악의 상황이 끝났다고 생각한 그레이엄은 전부를 걸고도 또 걸었다. 엄청난 수익이 기대되는 종목에 투자하며 그 효과를 극대화하기 위해 신용융자margin loan까지 동원했다.

그러나 최악의 상황은 아직 끝나지 않았다. 다우지수가 붕괴되면서 그는 사상 최악의 해를 맞했다. 손실은 50%에 달했다. 존 트레인은 다음과 같이 말했다. "그레이엄은 시장 붕괴 당시 개인 투자금을 모두 날렸습니다. 1929년 대재앙 속에 처박힌 뒤라 시장이 최후의 바닥에 이르기도 전에 유혹에 이끌려 되돌아왔던 것입니다."[16]

1929년부터 1932년 시장이 바닥을 치기까지 4년 동안 그레이엄은 70% 손실을 기록했다. 신중하고 세심하기로 정평이 나 있는 애널리스트가 자기 투자금의 70%를 잃은 것이다. 이 사례에서 우리가 매우 주의 깊게 살펴보아야 하는 것이 있다. 가치투자는 장기적으로 훌륭한 선택이지만 시장의 단기 부침에서 자유로울 수는 없다는 사실이다.

1932년 주식시장이 바닥을 치기 불과 몇 주 전, 그레이엄은 〈포브스〉에 세 편의 글을 기고했다. 그중 하나인 '고평가된 국채, 저평가된 주주Inflated Treasuries and Deflated Stockholders'에서 그는 이렇게 지적했다.

은행에 맡긴 현금 가치보다 낮은 수준에서 호가가 형성된 기업이 그야말
로 수십 개다. (중략) 이는 수많은 미국 기업의 호가가 청산가치 미만이라
는 뜻이고, 이들 기업이 존속할 때보다 사라질 때 더 가치가 있다는 것이
월가에서 내린 최선의 판단이라는 뜻이다.[17]

그레이엄은 이 글을 통해 자금난에 처한 좀비의 무리 속에서
이성적인 목소리를 냈다.

수백만 명의 미국 주주는 일일 시황 보고서에 머물렀던 과거의 시선을
버려야 한다. 지금은 자신이 소유했으며 자신의 이익과 기쁨을 위해 존
재하는 기업 자체에 주목해야 할 가장 적절한 시점이다.[18]

다우지수가 고점에서 저점으로 89% 급락한 뒤 투자자들이 결
코 시장으로 돌아가려 하지 않은 것은 당연했다. 그럼에도 불구
하고 증권 분석이 가치 있는 노력이라는 그레이엄의 신념에 변함
이 없었다는 사실은 충분히 주목할 만한 일이다.
　그레이엄의 투자조합은 1926~1935년 연 6% 수익을 올렸다.
같은 기간 S&P500 지수는 5.8%, 다우지수는 3.8% 상승했다.[19]
힘든 시기를 거치고 큰 폭의 MDDmaximum drawdown*를 경험했음에

도 불구하고 그레이엄은 가치투자가 우수한 수익률을 내는 가장 현명한 방법이라는 가정하에 투자조합을 계속 운영해나갔다. 주식은 결국 진정한 가치를 향해 간다고 믿은 그레이엄-뉴먼 코퍼레이션은 자신들의 투자 정책을 다음과 같이 밝혔다. "신중하게 분석해 산출한 내재가치 미만에 거래되는 주식을 매수하는 데, 특히 청산가치 미만에 거래되는 주식을 매수하는 데 주력한다."[20] 주식이 제 가치를 찾아가도록 하는 요인이 무엇이냐는 질문에 그레이엄은 이렇게 답했다. "그것이 바로 우리 사업의 수수께끼 중 하나고 다른 사람처럼 저 역시 그 점이 궁금합니다. 우리는 시장이 결국 그 가치를 반영한다는 사실을 경험으로 압니다. 어떤 식으로든 가치는 실현됩니다."[21] 그레이엄은 옳았다. 저평가된 종목을 매수하는 것은 장기적으로 위대한 전략이다. 그레이엄-뉴먼은 20년 동안 매년 시장 대비 3%p 가까운 초과수익률을 기록했다. 거의 누구도 달성하지 못한 기록이다.[22]

PER이 최소 5배에서 최대 34배에 이른다는 사실은 밸류에이션이 전부가 아니라는 사실을 보여준다. 골수 가치투자자든 아니든 가격과 가치에 괴리가 발생한 상태에서 오랜 기간 살아남는다는 것은 정신적으로 매우 지치는 일이 될 수 있다. 우리는 얼마가 되었든 자신이 적정 주가라고 생각하는 값을 지불할 권리가 있

---

* 최대 낙폭. 직전 고점 대비 하락한 최대 크기를 일컫는다.

다. PER 25배는 너무 비싼 가격이라고 생각하는가? 10배라면 전부 걸겠는가? 좋다. 그렇지만 가치평가가 '정상화'될 때까지 기다리느라 위대한 가치투자가들도 상처를 입은 사실은 감안해야 한다. 미스터 마켓의 변덕을 알아차릴 수 있다고 해서 프로이트 박사 같은 정신 분석 학자가 되는 것은 아니다.

증권 분석이라는 영역을 개척했음에도 그레이엄은 겸손했다. 그리고 기존에는 통했지만 더 이상 통하지 않는 개념, 현재는 통하지만 미래에는 통하지 않을 수도 있는 개념에 관대했다. 그는 이렇게 말했다.

안타깝게도 과거 행동 방식을 바탕으로 관련성을 파악하는 종류의 일을 하다 보면 거의 변함없이 경험하게 되는 것이 있다. 충분히 오랜 시간이 흘러 자신이 측정한 방식이 옳았다고 확신해도 좋을 만하면 이내 새로운 상황이 기존 조건을 대체해 더 이상 기존 측정 방식을 신뢰할 수 없게 된다는 것이다.[23]

가치투자는 여전히 통한다. 그러나 가치투자가 믿을 수 없을 만큼 훌륭한 성과를 내면서 버핏을 꿈꾸는 투자자가 대거 유입되었고, 이에 따라 저평가된 종목을 찾아내기는 더 어려워졌다. 그레이엄은 가치투자가 보편적인 신념이 되기 훨씬 전에 이 역학 관계를 인식했다. 그는 1976년 인터뷰에서 이렇게 언급했다.

저는 정교한 증권 분석 기법이 우량 가치주를 찾는 데 효과적이라는 주장을 더는 내세우지 않습니다. 증권 분석으로 많은 수익을 냈습니다. 그러니까 40년 전 《증권분석》이 처음 출간되었을 때는 말이죠. 그러나 그때 이후 상황이 크게 달라졌습니다. 옛날에는 숙련된 애널리스트라면 누구나 세밀한 조사를 통해 저평가된 종목을 능숙하게 골라낼 수 있었습니다. 그러나 오늘날 수행되는 어마어마한 규모의 조사 활동을 감안하면 대부분의 경우에서 그처럼 방대한 노력과 비용을 정당화할 만큼 뛰어난 종목 선정 효과를 거둘 수 있을지 의심스럽습니다. 이 부분에 한해서는 학계에서 요즘 널리 받아들여지고 있는 소위 '효율적 시장' 학설에 동의합니다.*[24]

그레이엄은 다음과 같은 질문을 받았다. "주식시장의 단기 및 장기 추세에 대한 월가 전문가의 전망은 대개 더 정확하다고 봐도 될까요? 그렇지 않다면 그 이유는 무엇입니까?" 그는 미소를 지으며 대답했다.

글쎄요. 이 흥미로운 질문에 대한 답을 찾기 위해 30년 이상 연구해왔습니다만, 동전을 던지든 전문가의 공통된 의견을 따르든 선택은 투자자의 몫이고 결과는 어느 쪽이든 다르지 않다고 솔직하게 말해야겠군요. 전문

---

* 효율적 시장 가설에서는 이용 가능한 모든 정보가 가격에 충분히 반영되었다고 가정한다.

가를 더 신뢰할 까닭이 없다고 보는 근거가 무엇이냐고 물으셨죠. 아주 흥미롭고 좋은 질문입니다. 저는 이렇게 설명하겠습니다. 월가의 사람들 모두 너무 똑똑해서 뛰어난 머리를 상쇄하기 때문입니다. 또한 그들이 아는 것은 이미 주가에 상당 부분 반영되어 있고, 앞으로 일어날 일은 그들도 알지 못하기 때문입니다.[25]

가치를 아는 것은 매우 중요하지만 가치의 노예가 되지 않는 것이 더 중요하다. 그레이엄은 금융에 절대 불변의 법칙이란 없으며 아무리 싼 것도 더 싸질 수 있다고 가르쳤다.

이 책에서 접하게 될 모든 교훈이 다 그러한데, 불행히도 교훈은 대부분 값비싼 대가를 치르고서야 얻어진다. 종목 선정이 어려우니 지수 펀드에 투자하는 편이 낫다고 말해줄 수 있는 사람은 없다. 어떤 종목의 주가가 1년 만에 50% 폭락했다고 해서 반드시 싸다고 할 수도 없다. 우리는 떨어지는 칼날 가운데 몇 개를 상처 입지 않고 잡아야 하며, 가격 하락이 가치 향상을 의미하지 않는다는 것도 배워야 한다. 이 책에서 소개할 많은 투자자가 그레이엄의 가르침에서 출발했지만, 독자 여러분과 마찬가지로 그들 역시 자신만의 길을 찾아야 했다.

제시 리버모어
Jesse Livermore

모든 실수는 되풀이된다

제시 리버모어는 넘치는 열의로 당시 트레이딩의 위대한 금언을
모두 체화하며 큰 족적을 남긴 인물이다.

– 폴 튜더 존스

"싸게 사서 비싸게 팔아라."

"이익을 실현해서 파산한 사람은 없다."

"거리에 선혈이 낭자할 때 매수하라."

우리는 매수, 매도, 혹은 보유하는 이유를 정당화하기 위해 이와 같은 격언을 종종 인용한다. 그러나 격언은 복잡한 요소를 제대로 반영하지 못하며 투자에 관해서는 특히 그렇다. 주식의 가격을 올리고 내리는 데는 너무 많은 변수와 상반되는 움직임이 작용하기 때문에 짤막한 한 구절에 모든 것을 압축하기는 불가능하다. 이러한 접근법은 체계적 편향systematic bias*을 유발하고 이성의 사각지대를 낳아 그릇된 결정을 반복하게 한다. 대니얼 카너먼이 그의 저서 《생각에 관한 생각Thinking, Fast and Slow》에서 소개한 다음 사례를 살펴보자.

스티브는 수줍음이 많고, 내성적이며, 늘 친절하지만 다른 사람이나 현실 세계에는 별 관심이 없다. 온순하고 깔끔한 그는 정리정돈이 몸에 배었고 세세한 것에도 공을 들이는 성격이다. 도서관 사서와 농부 중 어느 것이 그의 직업일 가능성이 더 높을까? 모두가 그의 개인적 성향에서 전형적인 도서관 사서를 떠올리겠지만 그것 못지않게 유의미한 통계는 거의 언제나 무시된다. (중략) 미국에는 농부가 훨씬 많고 따라서 도서관 안

---

* 이성이나 합리적 논리가 아니라 심리나 감정, 어림짐작이 영향을 미치는 의사 결정을 가리킨다.

내 데스크보다는 트랙터 운전석에 앉아 있는 '온순하고 깔끔한 성향'을 지닌 사람이 더 많다는 것은 통계적으로 거의 확실하다. 그러나 이 실험의 참가자는 유의미한 통계적 사실을 무시하고 오로지 스티브의 성격과 사서 일의 유사성에만 의존해 판단을 내렸다. 까다로운 판단에 어림짐작이라는 휴리스틱heuristics**을 활용한 사례다. 휴리스틱에 의존한 예측에는 예상대로 편향(체계적 오류)이 발생했다.[1]

이러한 심리 편향이 투자에 어떻게 영향을 미치는지 생각해보자. 투자에는 변수가 너무 많아 지름길과 격언을 이용하지 않을 수 없다. 제일 많이 언급되는 것이 제시 리버모어의 격언이다. 예를 들면 다음과 같다. "투기의 역사는 굉장히 오래되었다. 주식시장에 오늘 일어나는 일은 과거에 이미 일어났고 미래에 또 일어날 것이다." "모든 일에는 상반된 주장이 있을 수 있다. 그러나 주식시장에서는 오로지 한 가지 주장만 의미가 있다. 강세론도 약세론도 아닌 '맞는 주장'이다."

'맞는 쪽'에 있는 것이 최우선 관심사인 트레이더에게는 단순화가 어려울 수 있다. 주식시장은 어디로 가고 있으며 어느 방향에서 왔는가? 소수 종목이 상승(하락)을 주도하는가, 아니면 전반적인 추세인가? 투자자는 얼마나 낙관적(비관적)인가? 자신이 보

** 경험에 기초한 직관적인 문제 해결법. 어림법.

유한 포트폴리오 때문에 객관성을 잃은 것은 아닌가? 이 밖에도 더 많은 질문이 필요하다. 단순화는 일반적으로 더 나은 판단을 내리는 데 도움이 되지만 모든 상황을 한마디 격언으로 압축할 수는 없다. 커다란 부를 일구고 또 잃으며 그때마다 명쾌하고 멋들어진 분석을 제시했던 리버모어만큼 휴리스틱의 위험성을 잘 보여준 투자가도 없다.

리버모어는 시장에서 가장 유명한, 아마도 최초로 유명해진 투기 거래자다. 그에게 투자자가 반드시 배워야 하는 교훈이 있다면 그것은 '경험 법칙이 얼마나 위험할 수 있는가' 하는 것이다. 어느 순간 '거리에 선혈이 낭자할 때 매수하라'는 격언을 읊조리는 자신을 보게 된다면, 이 격언을 만들어낸 당사자조차 그 지침을 지키지 못했다는 사실을 기억해야 한다. '싸게 사서 비싸게 팔라'는 말은 그럴듯하게 들리고 그 개념도 훌륭하지만, 모든 것이 그렇듯 말은 쉽고 실천은 어렵다.

리버모어는 1877년 매사추세츠주 액턴의 한 농장에서 나고 자랐다. 열네 살이 되었을 때 집을 떠나 대도시인 보스턴으로 간 그는 곧장 주식 중개 회사인 페인 웨버에서 주급 6달러를 받고 주식 시세판을 정리하는 사환으로 일했다.

어린 리버모어는 시장에 대해 배우는 틈틈이 모의 투자를 하고 그 내용을 일지로 작성했다. 18개월 동안 준비한 끝에 그는 대부분 비전문가인 개인 투자자 사이에 거래가 이루어지는 '버킷숍bucket shop(무허가 사설 거래소)'을 찾았다. 그는 제일 먼저 10달러로 시카고·벌링턴·퀸시철도를 매수해 2주 만에 3.12달러를 벌었다.[2] 그의 투자는 빠르게 성공해 열일곱 살에 1,200달러를 모았다. 성공을 맛본 그는 더 큰 성공을 원했고, 페인 웨버를 나와 전업 투기 거래자가 되기로 결심했다.

대부분의 개인 투자자가 가진 돈을 모두 잃고 빈손으로 버킷숍을 떠났고, 돈을 번 일부 투자자는 버킷숍 사장의 눈엣가시가 되었다. 리버모어는 자신이 거둔 성공 탓에 얼마 지나지 않아 보스턴의 모든 버킷숍에서 기피하는 인물이 되었다. 투자 밑천과 몇 년간의 경험을 축적했지만 트레이딩을 계속 하려면 보스턴을 떠나야만 했다.

리버모어는 23세가 되던 1900년에 보스턴을 떠나 뉴욕으로 향했다. 뉴욕에 도착한 당일 그는 주식 중개 회사 사무실로 걸어 들어갔다. 훗날 증권사 E. F. 허튼을 설립한 에드워드 허튼(당시 25세)이 경영하던 '해리스, 허튼 앤드 컴퍼니'였다.[3] 허튼과 리버모어는 금세 죽이 맞았다. 리버모어는 2,500달러를 예탁하고 2만 2,500달러를 대출받아 총 2만 5,000달러를 투자했다. 주가는 상승했고 시장의 움직임은 유리하게 전개되었다. 그는 1주일도 지나지 않아 5만 달러를 벌었다. 그러나 얼마 지나지 않아 그는 비전문가와 전문가의 트레이딩은 경주용 모의 주행차를 운전하는 것과 실제 포르쉐 917 운전석에 앉는 것만큼이나 다르다는 것을 깨달았다.

버킷숍에서 '표시 시세'는 주식이 사고 팔리는 가격이었는데, 증권 거래소에서 이루어지는 매매와 시차가 있어 실제 가격과 다를 수밖에 없었다. 버킷숍의 세계는 거래소의 실제 가격이 아닌 표시 시세를 중심으로 돌아갔다. 실제 거래소에서 표시 시세는 의사소통 수단에 불과했고 실제 호가는 표시 시세와 크게 다른 경우가 많았다.[4]

1901년 5월, 리버모어는 전문 투기 거래자로서 첫 번째 큰 손실을 경험했다. 일생을 두고 반복될 손실 가운데 첫 번째 것이었고, 공매도에서 발생했다. 매수의 반대 포지션인 공매도는 타고난 회의론자 리버모어와 완벽하게 맞았다. 공매도 투자자는 싸게 사서 비싸게 파는 것이 아니라 비싸게 팔고 싸게 다시 사서 차익을 추구한다.

월요일, 시장이 열리기 전 리버모어는 US스틸 100주와 산타페철도 1,000주에 대해 각각 주당 100달러와 80달러에 공매도 주문을 냈다. 자본금을 전부 써버렸기 때문에 자기 자금의 4배를 빌려(레버리지) 활용했다. 에러 마진margin of error*은 극히 적었다. 주문은 100달러와 80달러가 아닌 85달러와 65달러에 체결되었다. 그가 나중에 공매도 포지션을 정리하려던 가격이었다! 시장

---

* 잘못을 보정할 수 있는 여지.

이 불리하게 돌아갔지만 그는 재빨리 빠져나오지 못했고 레버리지는 그를 더욱 깊은 구덩이로 밀어 넣었다. 그는 불과 몇 시간 만에 5만 달러를 잃었고, 23세의 나이에 빈털터리가 된 것도 모자라 회사에 500달러 빚까지 지고 말았다.

리버모어는 무슨 일이 벌어지고 있는지 깨달았다. 버킷숍에서 얻은 교훈과 경험은 전문적인 트레이딩에 똑같이 적용되지 않았다. 그는 "트레이딩 시스템에서 시세 테이프가 보여주는 것은 늘 한참 지난 과거였지만 그것을 깨닫지 못했다"라고 고백했다.[5]

리버모어는 회사의 훌륭한 고객이기도 했기에 해리스, 허튼 앤드 컴퍼니는 그에게 1,000달러 신용 대출을 제의했다. 하지만 그는 거절했다. 아직 큰물에서 놀 준비가 되지 않았다는 것을 인지한 그는 자신이 이길 수 있는 비전문가의 세계로 돌아가고자 했다. 하지만 상황은 여의치 않았다. 뉴욕의 버킷숍은 모두 문을 닫았고 보스턴에서는 그를 반기는 곳이 단 한 군데도 없었다.

리버모어는 자신을 알아볼 사람이 없는 세인트루이스로 갔다. 그는 곧장 오래전 방식으로 되돌아가 이틀 만에 2,800달러를 벌었다. 셋째 날, 주문을 내려고 하자 버킷숍 사장이 그를 불러냈다. '호레이스 켄트'가 버킷숍의 악명 높은 '몰빵 소년' 제시 리버모어로 밝혀진 것이었다.[6]

선택의 여지가 없었던 리버모어는 뉴욕으로 돌아왔다. 500달러 빚을 갚고 나니 트레이딩을 할 2,000달러가 수중에 남았다.

"주식 트레이더를 훈련하는 것은 의학 교육과 비슷하다. 의사가 되려면 수년 동안 수련을 해야 한다."[7] 그는 몇 년 동안 시간을 투자해 수련을 하며 종잣돈을 모았다. 28세에 10만 달러를 모았지만 그의 첫 번째 큰 성공은 아직 오지 않았다.

팜비치에서 휴가를 보내던 리버모어는 다른 어떤 이유도 아닌 오직 예감만으로 유니온퍼시픽 1,000주를 공매도하기로 결심했다. 그것도 모자라 1,000주를 추가로 공매도했고 다시 1,000주를 더 공매도했다. 그날 하루가 끝날 무렵, 그는 3,000주를 공매도하고 7,500달러 손실로 하루를 마감했다.

다음 날 아침 자리에서 일어난 리버모어는 2,000주를 더 공매도했다. 대규모 포지션을 구축한 그는 그 포지션을 더 잘 관찰하기 위해 뉴욕으로 돌아가고자 했다. 그때 4,000킬로미터 밖에서는 지진이 일어나 샌프란시스코를 42초 동안 강타했고 476킬로미터 떨어진 곳까지 땅이 흔들렸다. 1주일 동안 375명이 목숨을 잃었고 27만 7,000명이 집을 잃었다. 그는 이로 인해 시장이 자신에게 유리하게 전개될 것이라 확신했지만 시장은 이 사태에 크게 개의치 않는 듯했다.

리버모어는 우선 5,000주를 추가로 공매도해 포지션을 두 배로 늘렸고, 모든 것을 걸기로 마음먹으면서 포지션을 다시 두 배로 늘렸다. 그는 이러한 인내의 과정을 '버티기sitting'라 칭했고, 숙달하기 어려운 이 전략을 성공의 요인으로 확신했다. 결과적으로 버티기 전략은 대단히 성공적이었다. 4월 20일 금요일, 마침내 시장이 무너졌다. 그는 토요일에 모든 포지션을 정리해 25만 달러를 벌었다. 현재 화폐 가치로 600만 달러가 넘는 금액이었다. 그는 부자가 되었다.

리버모어는 투자에서 잠시 손을 떼고 첫 성공을 즐기기로 했다. 그러나 얼마 견디지 못하고 시장으로 돌아와 다시 공매도에 뛰어들었다. 몇 차례 큰 손실을 경험했고, 얼마 전 예상치 않게 벌어들인 큰 수익의 90%가 증발하는 것을 지켜보았다. 늘 그랬듯이 그는 자신을 분석하는 데 매우 냉철했다. "나는 실수를 저질렀다. 대체 어디서 잘못된 것일까? 나는 약세장에서 비관적이었다. 현명한 판단이었고 주식을 공매도했다. 적절했다. 그러나 너무 빨리 팔았고 그 대가는 컸다. 내 포지션은 옳았지만 방식이 잘못되었다."[8]

리버모어는 알려진 바와 같이 몇 달 만에 회복했고 그동안의 손실을 모두 회복하면서 자본금 75만 달러를 만들었다.

1907년, 오거스터스 하인츠와 오토 하인츠는 찰스 모스와 함께 구리 회사인 유나이티드 코퍼를 지배하기 위해 주식을 대량으로 매수했다. 그러나 그들의 지배 시도는 실패했고 주가는 며칠 만에 60달러에서 10달러로 곤두박질쳤다. 이 사건은 자본가 셋을 모두 파산으로 몰아넣었다. 그들은 시장을 장악할 목적으로 여러 신탁회사에서 많은 돈을 빌렸는데, 그들이 파산하자 그들에게 돈을 빌려준 신탁회사에서 자금 인출 사태bank run가 발생했고 이것이 공황을 촉발했다.

시장이 폭락할 당시 리버모어는 공매도 포지션을 보유한 상태였고 서류상으로 100만 달러를 벌었다. 그러나 유동성이 부족한 시장에서 그의 공매도 포지션을 받아줄 사람이 없었고, 그는 이익을 회수할 수 있을지 확신이 서지 않았다. 그러던 중 JP모간이 시장에 유동성과 확신을 공급하자 리버모어는 공매도 포지션을 청산하고 큰돈을 벌었다.

1907년 말 30세 생일을 맞기 전 리버모어의 재산은 300만 달러에 달했다. 이번에도 지금까지 이룬 것에 안주할 수 없었던 그는 원자재 트레이딩을 한 단계 더 발전시키기로 했다. 1908년 그는 시카고로 가 전업으로 트레이딩을 했다. 맨 처음 거래한 것은 면화였는데, 총 14만 베일(bale, 면화 포장 단위) 규모의 포지션을 구축해 약 200만 달러를 벌었다. 그에게 '전설'이라는 지위와 '면화 왕'이라는 새 별명을 안겨준 거래였다.

1908년 중반, 리버모어는 큰 성공에 취해 뉴욕으로 돌아왔다. 은행 계좌에는 500만 달러가 있었다. 면화로 거둔 성공은 세계적으로 유명하고 인정받는 면화 투기 거래자 테디 프라이스의 마음을 끌었다. 프라이스는 리버모어에게 동업을 제안했다. 프라이스가 펀더멘털 정보를 제공하고 리버모어가 트레이딩을 하는 방식이었다. 리버모어는 가차 없이 거절했다.

동업에는 관심이 없었지만 친분을 맺는 것은 상관이 없었고, 두 사람은 매우 가까워졌다. 팜비치에서 함께 휴가를 보내는 동안 리버모어는 원자재의 세계에 대한 프라이스의 지식에 매료되었다. 그러나 리버모어는 기술적 정보를 이용해 트레이딩을 했고 곡물의 수확량이나 상태 등 펀더멘털은 중요하게 생각하지 않았다. 그럼에도 프라이스의 지식은 리버모어의 머릿속을 그대로 파고들 만큼 예리하고 매혹적이었다. 리버모어는 면화 가격의 약세를 전망했고 프라이스는 반대 견해였다. 자신이 프라이스보다 더 많이 알 리 없다고 확신한 리버모어는 공매도 포지션을 정리하는 것도 모자라 심지어 매수에 나섰다. 리버모어는 재빨리 면화 16만 베일을 사들였다.

면화를 매수하는 동안 밀에 대한 매수 포지션에서도 꽤 괜찮은 이익이 발생하고 있었다. 리버모어는 자신이 수년 동안 발전시켜온 규칙을 무시한 채 수익이 나는 밀을 팔고 면화 포지션을 늘렸다. "항상 손실이 나는 것을 팔고 이익이 나는 것을 보유해야 한다. 이렇게 하는 것이 현명한 선택이라는 것은 너무나 자명하다. 그 사실을 너무나 잘 알고 있으면서도 정반대로 행동했다는 것은 지금 생각해도 믿기 어렵다."

이번에는 타격이 컸다. 리버모어는, 당시에는 너무나 분명했고 지나고 나서 보니 더욱 명백한 실수를 저질렀다. "이 게임을 그렇게나 잘 알고 12~14년간 주식과 원자재를 투기 거래한 경험도 있으면서 명백히 잘못된 판단을 했다는 것이 지금 생각해도 믿기 어렵다."

설상가상으로 소위 '동업자'라는 프라이스가 그를 배신했다. 리버모어가 면화를 사들이는 동안 프라이스는 면화를 공매도했다. 리버모어는 결국 2,500만 달러가 넘는 면화 44만 베일을 보유했다. 그리고 450만 달러에 달하는 손실을 입고 무너졌다.

리버모어는 이렇게 말한 적이 있다. "이 게임을 생계 수단으로 삼으려면 자신을 믿고 자신의 판단을 믿어야 한다. 이것이 내가 비밀 정보를 믿지 않는 이유다. 스미스가 준 비밀 정보에 따라 주식을 샀다면 팔 때도 그의 정보를 따라야 할 것이다. (중략) 그래서는 안 된다. 남이 시키는 대로 해서는 누구도 큰돈을 벌지 못한다." 이번에는 정말로 자기 자신에게 넌더리가 났다. 단순히 '잘못된' 의견을 냈다거나 시장에 배반당한 정도가 아니었다. 이번에는 자신의 실책에 직접적인 책임이 있었다. 여태껏 배운 트레이딩의 최우선 법칙 가운데 한 가지를 어긴 것이다.

1909년, 리버모어는 완전히 빈털터리가 되었다. 투자는 연이어 실패해 손대는 것마다 전부 손실이 발생했다.

계속해서 트레이딩을 했고 계속해서 잃었다. 주식시장이 끝내 내게 돈을 벌어주어야만 한다는 생각에 사로잡혀 있었다. 그러나 그 끝에서 만난 것은 내가 가진 자금의 끝이었다.

운 좋게도 주식 중개 회사인 윌리엄슨 & 브라운에서 트레이딩 자금으로 2만 5,000달러를 빌려주겠다는 제안을 해왔다. '공격적인 공매도로 유명했던 몰빵 소년'이 그곳에서 트레이딩을 한다는 소식을 널리 퍼뜨려, 회사 거물 고객의 의심을 사지 않고 대규모로 주식을 내다 팔려는 심산이었다.

리버모어는 2만 5,000달러를 금세 12만 5,000달러로 불렸다. 그러나 언제나 그랬듯 좋은 시절은 길지 않았다. 그가 볼티모어·체서피크·애틀랜틱철도회사 주식 8,000주를 공매도하려 하자 선임 중개인인 대니얼 윌리엄슨이 그를 사무실로 불러 말했다. "제시, 그 철도회사 주식에 지금은 아무 짓도 하지 마. 8,000주 공매도는 좋은 생각이 아니야. 오늘 아침 런던에서 내가 자네를 대신해 매수 포지션을 취했어."[9] 그 상태로 몇 달이 지났고, 중개인은 계속해서 제시의 이름으로 철도회사 주식을 매수했다. 리버모어는 마침내 자신이 선임 중개인에게 이용당하고 있다는 사실을 깨달았다. 임종이 가까운 어느 고객이 철도회사 주식을 너무 많이 들고 있어 그것을 내다 팔아야 했던 것이다. 주가는 계속해서 하락했고 리버모어는 그것을 사들이고 있었다.

리버모어는 또다시 속았고 이번에는 벗어나지 못했다. 그 후 몇 년 동안 100만 달러 넘는 빚이 쌓였고 갚을 수도 없었다. 그는 38세에 파산을 선언했다.

백지상태에서 다시 트레이딩에 뛰어들기로 결심한 리버모어에게는 대출 같은 구명 밧줄이 필요했지만 파산 조항에 따라 더 이상 새로운 대출을 일으킬 수 없었다. 그는 6년 전 자신을 속인 윌리엄슨을 찾아갔다. 돈을 빌리지는 못했지만, 적당한 종목이 있으면 500주를 매수하게 해주겠다는 이야기를 들었다. 리버모어는 시장을 지켜보며 완벽한 기회가 오기를 기다렸다. 그러다 베들레헴 스틸을 사서 이틀 만에 3만 8,000달러를 벌었다. 시장은 유리하게 움직였고 금세 자본금 20만 달러를 만들었다.

제1차 세계대전이 벌어지는 동안 미국의 주식시장은 급등했다. 1915년은 다우지수가 82% 상승한 사상 최고의 해였다. 주가는 2년이 채 지나기도 전에 두 배로 뛰었고 강세장에서 강세론을 고수한 리버모어의 논리는 이번에도 '맞았다'. 그는 40세 생일을 1년 앞두고 다시 일어섰다.

1918년 11월 전쟁이 끝나자 리버모어는 주식 대신 원자재를 트레이딩했다. 그는 세상을 발아래에 두고 연간 300만 달러 수익을 올리며 1923년까지 자본금 총 2,000만 달러를 만들었다. 경제가 호황이던 1920년대에 그는 낙관적인 강세론자라기보다는 신중한 약세론자에 가까웠다. 그는 1927년에 일찌감치 공매도를 시작하고 시장을 타진했다. 그 과정에서 작은 손실이 발생하기도 했다.

1929년 가을 리버모어는 100개 종목에 대해 4억 5,000만 달러에 이르는 평생 가장 큰 공매도 포지션을 구축하고 있었다. 그리고 평생 최대 수익을 막 실현하려는 참이었다. 10월 25일부터 11월 13일까지 다우지수는 32% 급락했다. 다우지수는 11일 동안 5%씩 일곱 차례 하락했다. 리버모어는 공매도 포지션을 모두 정리하고 1억 달러를 벌었다. 현재 화폐 가치로 환산하면 14억 달러에 해당하는 수익이었다. 그는 세계적인 부자가 되었다. 이것이 그가 가진 능력의 정점이었을 것이다.

1932년 7월, 주식시장은 마침내 바닥을 찍었다. 폭락하는 시장에서 온전히 견뎌낸 것은 없었다. 주식시장은 3년 전 시가총액의 11%에 불과했다. 일단 바닥을 지나자 주가는 팽팽히 당긴 고무줄을 놓듯 아직까지도 유례가 없는 사상 최고의 반등을 나타냈다. 다우지수는 그 후 42일 동안 93% 급등했다. 이번에는 리버모어가 틀렸다. 그는 철저히 무너졌다. 그리고 공매도 포지션을 정리한 뒤 고점에서 매수 포지션을 취하는 마지막 실수를 저질렀다. 시장의 반등은 '데드 캣 바운스dead cat bounce*'였던 것으로 판명 났다. 주가는 다시 하향세로 돌아서 1932년 9월부터 1933년 2월까지 40% 가까이 급락했다. 앞서 폭락장에서 벌어들인 수익은 모두 사라졌다.

강세론을 펼쳐야 할 때 약세론을 택했고, 약세론을 고수해야 할 때 강세론으로 전환한 대가는 컸다. 그는 모든 것을 잃었다.

---

*　지속적인 하락 장세에서 주가가 일시적으로 소폭 상승하는 현상. 약세장 속 반등을 가리킨다.

리버모어는 1934년 또다시 무일푼이 되었고 갚아야 할 돈만 총 500만 달러에 달했다.

리버모어는 두 번째 파산을 선언한 뒤 몇 년 동안 근근이 살아갔다. 증권거래위원회가 새로 도입한 규칙을 익히는 것도 쉽지 않았다. 그가 활용한 기법과 전략 가운데 상당수가 무거운 처벌이 따르는 불법 행위가 되었다.

리버모어는 이렇게 회상했다.

나는 일생 동안 실수를 저질렀다. 그러나 돈을 잃은 대신 경험을 얻었고 '하지 말아야 할' 많은 중요한 것들을 알게 되었다. 나는 몇 번이나 완전히 빈털터리가 되었지만 그것이 손실이기만 한 것은 결코 아니었다. 그것이 아니었다면 지금의 나는 없었을 것이다. 나는 늘 또 다른 기회가 있다는 것, 그리고 같은 실수를 두 번은 되풀이하지 않을 것을 알았다. 나는 나 자신을 믿었다.[10]

1939년 재기를 노렸지만 리버모어의 시도는 어긋났다. 또 다른 기적을 만들어내지 못한 채 기회는 바닥났다. 1940년 11월 29일, 그는 스스로 목숨을 끊었다. 법원 기록에 따르면 당시 기재된 그의 자산은 10만 7,047달러로 총 46만 3,517달러에 달하는 부채에 크게 못 미쳤다.

역사상 가장 자주 인용되는 트레이더의 위험 관리가 이토록 형편없었다는 것은 다소 역설적이다. 수많은 격언과 그가 배운 교훈도 네 번의 파산을 막지는 못했다. 너무 늦게 알았지만, 리버모어가 배운 진짜 교훈은 바로 이것이었다.

현명한 데다 운까지 좋은 사람이라면 똑같은 실수를 두 번 하지는 않을 것이다. 그러나 첫 실수와 형제·사촌 관계쯤 되는 수만 가지 실수 중 하나는 저지를 것이다. 실수는 워낙 대가족이어서, 우리가 어디까지 바보짓을 할 수 있는지 알고 싶을 때면 언제든지 등장한다.[11]

투자는 본질적으로 불확실성에 기초한 행위다. 따라서 "다시는 그런 일이 일어나지 않게 하겠어!" 같은 다짐은 결코 할 수 없다. 물론 반복하지 않을 수 있는 실수도 있다. 예를 들면 3X 레버리지 인버스 상장 지수 펀드*를 사서 3개월 동안 보유하는 것 같은 실수 말이다. 이러한 실수는 한 번 저지르면 결코 되풀이하지 않는다. 그러나 리버모어의 지적처럼 실수는 워낙 종류가 많아서 모든 실수를 피하는 것은 불가능하다. 시장에 관해 수많은 격언이 있지만 '돈을 잃는 것도 투자의 일부'라는 사실에는 변함이 없다. 위험 관리는 투자의 한 부분이다. 실수를 반복하는 것도 투자의 일부다. 모든 것이 투자의 일부다.

---

* 기초 자산(기준 지수) 하락 폭의 세 배만큼 수익을 얻도록 설계된 ETF 상품.

순전한 자기 실책unforced errors*을 범하지 않는 데 집중한다면 시장에서 통용되는 매력적인 관용구에 의지하지 않아도 된다. 대단한 진리처럼 들리는 시장의 관용구는 근거 없는 안도감을 줄 뿐이다.

---

* 상대방의 공격과 훌륭한 플레이가 유발한 것이 아닌, 순전한 자기 실수를 가리킨다.

마크 트웨인
Mark Twain

집착과 실패를 부르는
투기적 유전자

충분히 깊게 알고 나면 누구라도 동반자가 된다.

– 마크 트웨인

돈이 우리 주머니에서 투자 대상으로 이동할 때 우리는 미래에 가치가 상승할 것을 기대한다. 결과가 실망스러울 때는 자신이 틀렸다는 사실을 좀처럼 받아들이지 못한다. 본능적으로 우리는 손실이 발생한 종목에 지나치게 오래 매달린다. 패배를 지연시키고 자아도 다치지 않게 하려는 것이다.

작은 손실에서 문제가 되는 것은 그 손실에 매달리다가 더 큰 손실을 입을 수 있다는 사실이다. 금융의 세계에서 영원히 샘솟는 것은 희망뿐이다.* 우리는 5%의 손실이 10%로 커지는 것을 무심히 지켜보고, 그것이 20%로 악화되는 것을 걱정하다가, 손실이 그치지 않고 계속되는 것을 공포에 떨며 보게 될 것이다. 이때 분비되는 아드레날린은 뇌의 1,000억 개 신경 세포로 침투해 우리를 무기력하게 한다. 인간의 '투쟁-도피fight or flight' 반응**을 관장하는 시상 하부는 합리적 사고를 일시적으로 멈추게 한다.

'본전만 찾으면 나와야지.' 투자자라면 누구나 이러한 독소 같은 생각이 머릿속에 맴도는 것을 경험한다. 주가 하락에서 중요한 것은 대단히 특별한 행위가 뒷받침되어야만 수학적으로 복구가 가능하다는 사실이다. 20% 손실이 났다면 20%가 아닌 25% 이익을 내야 손익 평형breakeven이 이루어진다. 구덩이가 깊을수록

---

* 1700년대 영국의 대시인 알렉산더 포프의 시 〈인간론(An Essay on Man)〉에 나오는 구절이다. "희망은 영원히 샘솟는다(Hope springs eternal)."
** 월터 캐넌은 외부 자극(스트레스)에 자동으로 나타나는 생리적 반응을 '투쟁-도피' 반응이라 칭했다.

올라오기는 더 어렵다. 80% 손실에서 본전을 찾으려면 400% 이익을 올려야 한다.

헤지펀드매니저 데이비드 아인혼은 손실이 발생한 종목에 매달리는 위험을 다음과 같이 표현했다. "90% 하락한 주식을 달리 표현하면? 80% 하락한 뒤 다시 반 토막이 난 주식이다."[1] 다시 말해, 주가가 100달러에서 20달러로 하락했다고 해서 10달러로 하락하지 말라는 법은 없다는 뜻이다.

포지션이 불리해질 때 가만히 있기는 쉽다. 그보다 더욱 쉬운 것은 포지션을 더 추가해 상황을 악화시키는 것이다. 100달러에 매수한 주식을 잘 샀다고 생각한다면 90달러는 더욱 매력적인 주가로 다가올 것이다. 그러나 문제는 굉장히 많은 주식이 '회복하지 못한다는 것'이다. 실제로 1980년 이후 전체 주식의 40%가 70%의 주가 하락을 경험했고 결코 이전 주가를 회복하지 못했다.[2] 손실이 난 포지션을 추가하는 소위 '물타기'로 인해 많은 투자자가 몰락해왔다.

새뮤얼 클레먼스Samuel Clemens는 필명 마크 트웨인Mark Twain으로 더 잘 알려졌다. 많은 사람이 그를 유머가 넘치는 작가로 기억한다. 그가 쌓아 올린 재산을 거덜 낸 사람은 바로 그가 일생을 살아온 이름, 새뮤얼 클레먼스였다. 리처드 잭스는 그의 저서 《Chasing the Last Laugh 마지막에 웃는 자가 되기 위해***》에서 다음과 같이 말했다. "트웨인은 사기꾼이 펴는 작전의 좋은 먹잇감이자 최악의 투자자였다."[3] 피터 크래스는 《Ignorance, Confidence, and Filthy Rich Friend무지, 확신, 그리고 굉장한 부자 친구》에서 이렇게 언급했다. "미국에서 최고로 돈을 잘 버는 작가가 형편없는 투자로 자신의 전 재산과 광산 상속녀인 부인의 재산까지 보기 좋게 날렸다."[4]

트웨인이 본전을 만회하기까지는 상당히 오랜 시간이 걸렸다. 그는 '구덩이에 빠졌을 때는 더 파지 말 것'이라는, 소위 '구덩이의 법칙'을 배운 적이 없었다. 그는 혁명적이라고 생각한 기계에 17만 달러를 쏟아붓기도 했다. 현재 가치로 환산하면 500만 달러다.

투자는 그를 끊임없이 압박했지만 덕분에 세상은 멋진 격언을 얻었다.

"인생에서 투기를 하지 말아야 할 때가 두 번 있다. 감당할 수 없을 때 그리고 감당할 수 있을 때다."

"은행가는 화창할 때 우산을 빌려주고는 비가 오기 시작하면 즉시 돌려달라고 하는 사람이다."

"선견지명이 있어야 하는데, 뒷북이 내 전문이다."

"기회가 더 이상 기회가 아닐 때까지 그 기회를 알아차리지 못했다."

*** 소제목은 '마크 트웨인은 세계 순회 낭독회로 어떻게 빚과 불명예에서 벗어났는가(How Mark Twain Escaped Debt and Disgrace with a Round-the-World Comedy Tour)'다.

어니스트 헤밍웨이는 "모든 현대 미국 문학은 마크 트웨인의 《허클베리 핀Huckleberry Finn》에서 비롯된다"라고 했다. 트웨인은 1876년에 《허클베리 핀》을 쓰기 시작해 글을 마치기까지 10년 가까이 걸렸다. 당초 트웨인은 2개월이 걸릴 것으로 생각했지만 부를 추구하는 등 다른 중요한 일에 우선순위를 내주어야 했다.

트웨인이 실패한 투자의 목록은 약국 영수증보다 길었다. 그는 금을 캐려고 실제 삽을 들고 나섰고 광산 주식을 샀다. 그 경험에 질린 그는 이렇게 토로했다. "광산은 옆에 거짓말쟁이가 서 있는 구덩이다."

트웨인은 특히 발명가에게 매료되었다. 그는 증기 기관을 개량한다는 뉴욕 베이퍼라이징에 투자했고, 물론 회사는 기관을 개량하지 못했다. 회사는 목표를 이루지 못했지만 그는 발명가에게 일주일마다 35달러를 꼬박꼬박 제공했다. 그는 이렇게 회상했다. "진행 상황을 알려주려고 며칠 간격으로 발명가가 찾아왔는데, 숨소리와 걸음걸이에서 매주 36달러를 위스키에 쓰고 있다는 사실을 일찌감치 알아차렸다. 나머지 1달러를 어디서 구했는지는 끝내 알아내지 못했다."[5]

트웨인은 우유에서 추출한 분말인 플라즈몬, 증기 도르래, 신생 보험사 하트퍼드 상해 보험 등에 투자했다. 적자만 내는 벤처 기업에 넌더리가 난 그는 동료 작가에게 편지를 썼다. "자네가 쓴 책에 발명가 퇴치법이 적혀 있다면 아홉 부만 보내주게."

트웨인은 잘못된 시점에 주식을 사고파는 전형적인 방식으로도 많은 돈을 잃었다. 많은 사례 중 하나인 오리건 트랜스콘티넨털 철도회사의 경우 주당 78달러에 사서 12달러에 팔았다. 그는 이 경험을 두고 "종목 보고서에 다시는 눈길도 주지 않을 것"이라고 말했다.[6]

이러한 경험은 트웨인을 작위의 오류뿐 아니라 부작위의 오류로도 이끌었다. 그의 영혼에 더욱 깊은 분노의 구덩이를 만든 것은 아마도 부작위의 오류였을 것이다. 그는 도서 삽화에 혁명을 가져올 것이라던(물론 아니었다) '카올로타이프kaolotype'라는 조판 공정에 4만 2,000달러를 낭비했다. 다음은 알렉산더 그레이엄 벨의 전화기였다. 트웨인의 친구이자 지역 신문 〈하트퍼드 쿠란트〉를 소유한 조지프 로즈웰 헐리 장군이 벨을 만났고, 쿠란트 사무실에서 벨이 발명품을 소개하는 자리에 트웨인을 초대했다. 트웨인은 당시 상황을 이렇게 회고했다. "벨은 큰돈을 벌 수 있다고 믿었고 내게 주식을 일부 사라고 권했다. 나는 거절했다. 더 이상 무모한 투기는 하지 않는다고 말했다. 그러자 벨은 1주당 25달러를 제시했다. 나는 얼마가 되었든 싫다고 했다."[7]

유럽 휴가에서 마을로 돌아온 트웨인은 점원으로 일하던 한 노인을 만났다. 그 노인은 자신이 가진 얼마 안 되는 돈을 벨에게 투자해 굉장한 부자가 되어 있었다. 트웨인은 푸념했다. "정보통에 경험이 풍부한 사람은 실패하고, 무지하고 경험이 없는 사람은 그처럼 자주, 그처럼 과분하게 성공하는 것이 이상하다."[8] '신 포도'를 떠올린다면, 바로 맞혔다. 트웨인에게 투자 경험이 있었다고 해도 그것은 다수의 실패한 투자였을 뿐이다. 게다가 그가 '정보통'이었다고 하려면 단어의 용례에 상당히 관대해져야 할 것이다.

트웨인은 다른 사람에게만 투자한 것이 아니었다. 스스로 낸 아이디어도 상당히 많았다. 바지가 내려가지 않게 고정해주는 신축성 있는 끈, 풀이 발라져 있는 스크랩북, 휴대용 달력 등이 그 예다. 조카사위였던 새뮤얼 찰스 웹스터는 이렇게 적었다. "그는 셰익스피어는 물론 에디슨까지 꿈꾸었고 그 밖의 다른 위대한 사람도 되고자 했다."[9]

트웨인은 가진 돈이 별로 없을 때 도박을 했고, 많은 재산을 얻은 후에도 도박을 그만두지 않았다. 가진 돈을 투자한 도박은 더 큰 실패로 이어졌다. 더 큰 실패로 이어진 투기의 밑천이 된 것은 1885년 설립한 출판사 웹스터 앤드 컴퍼니의 성공이었다.

출판사가 처음 펴낸 책은 그랜트*의 회고록이었다. 이 책은 발행 부수 60만이라는 신기록을 세우며 큰 성공을 거두었다. 지나치게 후한 계약 조건 덕에 그랜트의 가족에게는 현재 가치로 1,200만 달러에 해당하는 40만 달러가 돌아갔다.[10] 정가의 10%

---

* 미국 남북전쟁의 영웅이자 18대 대통령인 율리시스 S. 그랜트.

가 업계 표준 인세였지만 트웨인은 인쇄 및 일체 비용을 제한 순이익의 70%를 인세로 제시했다. 전 대통령과 맺은 형편없는 계약 조건에도 불구하고 웹스터 앤드 컴퍼니는 시작이 매우 좋았다. 그러나 그의 인생에서 상당 부분이 그랬듯 이번에도 역시 끝은 좋지 않았다. 그의 회사, 그의 인생에 찾아온 성공을 삐걱거리며 멈추게 만든 것은 그가 그토록 거부했던 '손실'이었다. 그는 이미 많은 돈을 낭비한 곳에 계속해서 돈을 퍼부었고, 그로 인해 다른 모든 손실을 합산한 것보다 훨씬 많은 피해가 발생했다.

1874년 조판기를 개발해 특허를 받은 제임스 페이지는 수동 장치를 대신할 18,000글자 조판기를 구상하고 있었다. 1880년 그는 트웨인을 만나 투자를 설득했다. 엉성한 계약 조건이었지만 대단한 설득이 필요하지도 않았다. 트웨인에게는 '기계가 완성될 때까지 모든 비용을 지불한 경우에 한해' 이익을 나누어 가질 권리가 주어졌다. 더 나아가 나중에는 기계로 이익이 날 때까지 매년 7,000달러를 페이지에게 지급하기로 약속했다. 자만심에 눈이 먼 트웨인은 페이지를 "기계 발명의 셰익스피어"라고 칭송했다.

시간이 흐르고 돈이 사라지면서 트웨인은 페이지를 두고 이렇게 말했다. "페이지는 물고기를 설득해 물에서 나와 걷게 만들 수 있는 사람이다. 그가 나타나면 늘 믿게 된다. 어쩔 도리가 없다. 그가 사라지면 모든 믿음도 증발해버린다. 그는 굉장히 대담하고 당당한 거짓말쟁이다."[11] 19세기가 막바지를 향해 갈 때 미국 경제는 사상 최악의 불황을 경험하고 있었다. 1893년 공황 당시 500개 은행이 파산했고 1만 5,000개 기업이 문을 닫았다. 트웨인과 웹스터 앤드 컴퍼니도 예외는 아니었다.

페이지와 끝났고 그의 변명 따위는 필요 없다고 몇 번이나 다짐했지만, 트웨인은 자신이 틀렸다는 것을 인정하지 못했다. 재정적, 정신적, 감정적으로 모든 것을 쏟아부은 투자가 실패했다는 사실을 인정한다고 상상해보라. 극심한 고통이다. 인생, 특히 투자에서 자신이 틀렸다는 사실을 인정하는 것보다 어려운 일은 거의 없다.

트웨인은, 존 록펠러와 스탠더드 오일을 공동 창업한 자본가로 '무자비한 사냥개'라 일컬어졌던 친구 헨리 로저스의 도움을 받아 페이지에게 조판기 사업의 권리를 넘겨받았다. 생명 유지 장치를 달고 새로운 투자자를 찾아 나선 그는 두 사람을 만났다. 훗날 《드라큘라Dracula》를 쓴 작가 브램 스토커와 유명한 배우 헨리 어빙이었다.[12]

〈시카고 헤럴드〉에 납품한 조판기가 고장 나자 더 이상 기회는 없었다. 로저스는 진지한 사업가였고 트웨인과 달리 손절에 거부감이 없었다. 하지만 트웨인에게는 쉽지 않은 일이었다. 프랑스 여행 중 조판기가 고장 났다는 소식을 들은 그는 깊이 서글퍼하며 로저스에게 편지를 썼다. 기계가 사람이라도 되는 듯 감정을 이입한 상태였음을 보여주는 일화다.

1894년 12월 21일, 페이지 조판 제조 회사는 문을 닫았다. 결국 트웨인은 외부의 힘에 의해서만 손절이 가능했다. 로저스가 아니었다면 트웨인은 죽는 날까지 '밑 빠진 독에 물 붓기'를 계속했을 것이다. 조판기로 인한 총 손실을 현재 가치로 환산하면 500만 달러 가까이 되는 것으로 추정된다. 조판기를 살리려던 그의 재정은 바닥이 났고, 그것은 웹스터 앤드 컴퍼니가 불황을 견뎌내지 못한 주요 원인이 되었다. 그는 이렇게 토로했다. "사업이라면 지긋지긋하다. 나는 천성적으로 사업에 맞지 않고, 빠져나오고 싶다."

공황은 트웨인이 보유한 10만 달러 상당의 주식과 채권을 휴지 조각으로 만들었다. 다른 선택의 여지도 없고 자금도 없었던 웹스터 앤드 컴퍼니는 1894년 4월 18일 파산을 선언했다.

헬렌 켈러는 "몰래 들어온 쥐 한 마리를 잡겠다고 하늘의 모든 대포가 일제히 포문을 연 듯했다"라는 표현을 한 적이 있다. 여러 신문사가 공세를 시작했을 때 트웨인이 받았을 충격은 어느 정도였을까. 그가 시장에서 경험한 화려한 실패는 훌륭한 격언을 낳았다. 예를 들면 다음과 같다. "10월은 주식 투자에 특히 위험한 달 중 하나다. 다른 위험한 달로는 7월, 1월, 9월, 4월, 11월, 5월, 3월, 6월, 12월, 8월, 2월이 있다." 한 신문은 '주식 투자'를 '작가가 사업하기'로 바꾸어 이 말을 인용하기도 했다. 사방에서 그를 공격했다. 〈샌프란시스코 콜 신문〉은 "마크 트웨인의 실패는 자기 자신 탓이었는데도 그것에 관해 세상에 설교를 하려 한다"라며 비판했다. 트웨인은 "대중은 조금이라도 가치 있는 판단을 내리는 유일한 비평가다"라고 말할 정도로 여론에 극도로 민감했다. 쏟아지는 비판 속에서 그는 자신이 아는 유일한 방법인 펜과 종이로 대응했다.

내가 채권자를 위해 재정적으로 후원하던 출판사의 부동산을 처분했고, 이제 나의 이익을 위해 강연을 하고 있다는 보도가 있다. 틀렸다. 부동산은 물론 강연도 채권자를 위한 것이다. 법은 인간의 뇌를 담보로 대출을 승인하지 않는다. 사업가라면 파산 신청을 해 새롭게 출발할 수 있을 것이다. 그러나 나는 사업가가 아니고 법보다 명예를 더 엄중하게 여긴다. 1달러의 명예가 100센트 아래로 훼손되는 것은 절대 용납할 수 없다. 명예는 법 이전의 문제다.[13]

59세의 지긋한 나이였던 트웨인은 파산 신청 당시 채권 신고를 한 101명 채권자 한 사람 한 사람의 빚을 갚기로 결심했다. 구덩이에서 빠져나오기 위해 그는 낭독회를 하며 세계를 순회했다. 미국을 횡단한 뒤 호주, 뉴질랜드, 인도, 남아프리카를 거쳐 유럽으로 갔다. 1898년에는 빚을 모두 갚았고 새로운 모험에 나서기에 충분한 돈이 모였다.

빚은 갚았지만 투기적 유전자는 결코 사라지지 않았다. 트웨인은 주식시장에서 큰돈을 벌게 해준 친구 로저스에게 말했다. "나를 빼놓으면 안 되네. 다른 자본가가 들어갈 때 나도 끼워주게."

위험과 보상은 '복사하기와 붙여넣기'처럼 늘 함께한다. 하나 없이는 다른 하나도 있을 수 없다. 그러나 가끔 우리는 보상만 받거나 위험만 경험한다. 주식 거래 계좌에는 불가피한 위험이 닥치기도 한다. 그때는 머리를 모래에 파묻지 말고 위험을 받아들여야 한다. 투기를 할 때 가장 중요한 것은 감당할 수 있는 수준으로 손실을 관리하는 것이다. 종이에 베인 상처는 따끔하지만 곧 아문다. 반면 총상을 입으면 살아남기 어렵다.

재앙에 가까운 대형 손실을 피하는 가장 좋은 방법은 투자를 실행하기 전에 감수할 수 있는 손실의 규모를 정해두는 것이다. 비율이든 금액 기준이든 상관없다. 이렇게 해야 손실에 대한 공포나 보유 포지션에 대한 미련이 아닌 논리에 근거해 투자 의사를 결정할 수 있다.

파산에서 회복한 지 몇 년 지나지 않아 트웨인은 늘 그렇듯 큰 희망을 품고 아메리칸 미캐니컬 캐셔 컴퍼니에 1만 6,000달러를 투자했다. 아무런 성과 없이 약속에 약속을 거듭하며 8개월이 흘렀고, 기시감을 느낀 트웨인은 투자를 정리했다. 교훈은 드디어 통했다.

존 메리웨더
John Meriwether

자만과 뛰어난 두뇌가 만나면
아무것도 남지 않는다

머리가 좋은 사람의 투자 성과는
원칙을 지키는 사람의 성과에 미치지 못한다.

– 윌리엄 번스타인

아이작 뉴턴은 과학과 사고 측면에서 다른 사람이 하지 못한 진전을 이루었다. IQ 190으로 소수점 이하 55번째 자리까지 계산했던 그의 지능은 찰스 다윈, 스티븐 호킹보다 높았다. 그러나 이처럼 뛰어난 두뇌도 그가 인간의 본능인 탐욕과 질투의 먹잇감이 되는 것을 막지는 못했다.

1720년, 남해회사South Sea company의 주가가 오르기 시작하고 광기가 런던의 거리를 휩쓸 때 뉴턴은 상황이 위태롭다는 것을 직감했다. 그는 남해회사 주식을 사고팔아 100% 수익을 올렸다. 그러나 주가는 거의 6개월 동안 여덟 배 뛰었고 뉴턴이 이익을 실현한 뒤에도 상승세를 멈추지 않았다. 후회를 떨치지 못한 그는 다시 남해회사 주식을 매수했다. 처음보다 세 배 많은 수량이었다. 그러나 주가는 이미 고점을 향해 가고 있었고, 그의 투자금은 불어나기는커녕 모두 사라졌다. 거품이 붕괴되면서 주가는 단 4주 만에 75% 급락했다.

이 일로 뉴턴은 크게 낙담했고 평생 '남해'라는 말을 듣기만 해도 견딜 수 없을 것 같았다. 그는 돈으로 돈을 벌고자 할 때 지능의 역할이 어디까지인지를, 값비싼 수업료를 치르고 배웠다. 시장의 방향을 묻는 질문에 그는 이렇게 대답했다. "천체의 움직임은 계산할 수 있어도 사람의 광기는 측정할 수 없다." 그는 지구상에 존재한 그 누구보다도 똑똑했지만, 그런 그조차도 자기만 빼고 다른 사람이 부자가 되는 것은 두고 볼 수 없었다.

많은 투자자가 자기 안에 존재하는 아이작 뉴턴을 발견한다. 우리는 스스로 평균보다 낫다고 '느낀다'. 1977년 "대학 교육은 개선될 수 있는가? 아니, 개선될 것인가?"라는 제목의 유명한 연구에서 조사 대상 교수의 94%가 자신을 동료 교수 집단 평균 대비 우월하다고 평가했다.[1] 트레이더와 투자자가 같은 질문을 받아도 결과는 비슷할 것이다. 이 계산이 수학적으로 말이 되지 않는다는 사실은 알버트 아인슈타인이 아니더라도 알 수 있다. 찰리 멍거가 말했듯, "인생에서 불변의 법칙은 오직 20%의 사람만이 5분위 안에 들 수 있다는 것"이다.

머리가 좋은 사람의 모임 가운데 세계에서 가장 규모가 크고 오래된 조직인 멘사에 가입하려면 표준화된 시험으로 측정한 IQ가 상위 2%에 들어야 한다. 이것은 이 명망 있는 모임에 들어갈 자격이 되는 똑똑한 사람이 미국에만 400만~500만 명에 이른다는 의미이기도 하다. 우리가 주식을 사거나 팔기 위해 컴퓨터 앞에 앉을 때, 수많은 천재가 우리 반대편에서 트레이딩을 하려고 기다리고 있다. IQ가 높다고 해서 보장되는 것은 아무것도 없다. 똑똑하다는 이유만으로 시장이 보상해주는 것이 없다는 사실은 초보 투자자에게 특히 이해하기 어려운 문제다. 타고난 두뇌는 긍정적인 투자 경험을 쌓기 위해 갖추어야 할 전제 조건일 뿐이다. 똑똑하다는 것만으로 투자 결과가 달라지지는 않는다. 시장은 1차원 함수가 아니기 때문이다. 어쩌다 효과가 있을지는 몰라도 대부분의 공식은 결국 실패한다.

한 벌의 카드에서 9번 스페이드를 뽑을 확률은 52분의 1이다. 반면 x, y, z를 고려해 불황이 닥칠 확률을 계산할 방법은 없다. 위험 자산 때문에 1 더하기 2가 항상 3이 되지는 않는다. 투자자의 공동묘지는 평균을 초과하는 수익률을 달성하는 자기만의 모델을 구축하는 것이 가능하다고 믿었던 사람으로 넘쳐난다.

투자에서 지능의 역할은 상대적이다. 다시 말해 내가 얼마나 똑똑한지가 아니라 내 경쟁자가 얼마나 똑똑한지가 중요하다. 찰리 엘리스는 1975년 '패자의 게임The Loser's Game'이라는 제목의 기고문 서두에서 이 개념을 훌륭하게 설명했다. "지난 30년간 재능이 뛰어나고 결단력 있으며 야심만만한 수많은 전문가가 투자 운용에 뛰어들었다. 타인의 실수를 이용해 시장 평균을 상회할 만큼 충분한 규모로, 충분히 자주 수익을 올리는 것은 더 이상 가능하지 않을 것 같다."[2] 이들은 투자 환경을 완전히 바꾸어놓았다. 과거에 기발하다고 여겼던 많은 것들은 이제 표준이 되었다.

1950년대에는 트레이딩에서 개인 투자자의 비중이 압도적이었다. 지금은 거의 무한한 자원을 확보한 기관이 전체 거래량의 90%를 차지한다. 블룸버그 단말기가 32만 5,000대고 CFA(공인재무분석사)가 12만 명이다. 기술 발전과 정보의 폭발적인 증가는 공평한 경쟁의 토대를 마련했다.

실력과 운이 모두 작용하는 행위에서는 실력과 지능이 향상될

수록 행운이나 우연이 결과에 미치는 영향은 점점 커진다. 투자가 특히 그렇다. 이러한 현상을 주제로 여러 차례 글을 쓴 마이클 모부신은 이것을 '실력의 역설paradox of skill'이라고 일컬었다. 시장에는 실력 있는 참가자가 많고 따라서 지능만으로는 충분하지 않다는 것이 이 주장의 핵심이다. 다른 실력이 필요하다는 것이다. 천재성의 한계를 이해하는 데 롱텀 캐피털 매니지먼트(이하 LTCM)의 존 메리웨더와 그의 아인슈타인급 동료만큼 적절한 사례는 없을 것이다.

메리웨더는 1994년 LTCM을 설립했다. 그 전까지 그는 살로먼 브라더스에서 채권 차익 거래 그룹장이자 부사장으로 20년간 전설적인 경력을 쌓았다. 살로먼에서는 업계 최고의 두뇌가 그를 둘러싸고 있었다.

살로먼 브라더스를 통해 투자 업계에 첫발을 내디딘 마이클 루이스*는 〈뉴욕 타임스〉에 이렇게 기고했다. "메리웨더는 재능 있는 편집자 혹은 영리한 감독이었다. 본능적으로 비범한 사람을 알아보았고 그들을 설득해 재능을 이용하는 능력이 있었다. (중략) 메리웨더의 주도하에, 최고 수준의 금융 및 수학 프로그램을 대학에서 살로먼의 객장까지 직통으로 연결하는 일종의 지하 선로가 개설되었다. 나중에 살로먼 브라더스의 자문 위원이 되었고

---

*   마이클 먼로. 미국 금융 저널리스트이자 베스트셀러 논픽션 작가.

LTCM의 파트너가 된 경제학자 로버트 머튼은 메리웨더가 대학에서 인재를 모두 가로채고 있다고 불평했다."[3]

대학의 인재 가운데는 MIT 출신 하버드 경영대학원 조교수 에릭 로젠펠드, 런던대 재정학 석사 빅터 J. 하가니가 있었다. MIT 금융 경제학 박사 그레고리 호킨스, MIT에서 두 개 학위를 받은 로렌스 힐리브랜드도 있었다. 이처럼 쟁쟁한 인물 외에 연준 부의장을 지낸 데이비드 멀린스까지 LTCM에 합류했다. 메리웨더의 목표는 모든 사람을 두뇌로 앞서는 것이었고 그 장점은 오랫동안 유지되었다.

메리웨더의 마법사들은 살로먼 브라더스 내부에서도 가장 강력하고 큰 수익을 내는 팀이었다. 1년 후 CEO 존 굿프렌드가 연봉 350만 달러를 받았을 때 메리웨더는 8,900만 달러를 받았다고 알려졌다.[4] 그러나 미국 국채 관련 사건이 은행을 강타한 뒤 메리웨더는 떠밀리듯 사임했다. 얼마 지나지 않아 충성스러운 후예들이 그의 뒤를 따랐다.

메리웨더는 훗날 노벨상을 수상한 금융학계의 양대 거장과 함께 LTCM을 설립했다. 한 사람은 컬럼비아대 공업수학 학사, 캘리포니아공대 과학 석사, MIT 경제학 박사인 로버트 머튼이었다. 살로먼 브라더스에 합류하기 전, 머튼은 1988년까지 MIT에서 학생을 가르쳤고 그 후 하버드대에서 교수로 재직했다. 그의 이력은 완전무결했다. 그가 금융의 세계에 미친 영향은 아무리 강조해도 지나치지 않을 것이다. 파생 상품 투자의 귀재 스탠 조나스는 이렇게 말했다. "금융계의 거의 모든 것은 머튼이 1970년대에 했던 일에 대한 주석에 지나지 않는다."[5]

메리웨더는 블랙-숄즈 옵션 가격 결정 모형을 만든 마이런 숄즈도 영입했다. 숄즈는 시카고 부스 경영대학원에서 석사와 박사 학위를 받았다. 그 다음 MIT 슬론 경영대학원에서 학생을 가르쳤고 다시 시카고대 경영대학원으로 돌아가 강의를 했다. 이처럼 LTCM은 분명히 최고의 구성원으로 이루어진 조직이었다. 금융계에서 어느 누구도 상대가 되지 않았다. 〈포춘〉의 편집장이자 워런 버핏의 '주주 서한' 작성을 도운 캐럴 루미스는 다음과 같이 언급했다. "그곳의 1제곱미터당 IQ는 현존하는 다른 어떤 기관보다 높을 것이다."[6] 그들은 누구보다 단연 빼어났고 스스로 그 사실을 알고 있었다. 숄즈는 자신들을 일컬어 "단순한 펀드가 아니다. 우리는 금융 기술 기업이다"라고 말했다.[7]

LTCM의 최소 투자 금액은 1,000만 달러였으며 업계 평균 '2-20'보다 높은 '2-25' 보수 모델을 도입했다.*

높은 최소 투자금 요건과 평균 이상의 보수 때문에 투자를 포기하는 사람은 거의 없었다. 최고의 두뇌를 가진 이들은 최고의 두뇌를 가진 "메릴린치 대표 데이비드 코만스키, 페인 웨버 CEO

---

* 일반적으로 헤지펀드는 자산의 2%를 운용 보수, 이익의 20%를 성과 보수로 책정한다. LTCM 은 이보다 높은 2% 운용 보수, 25% 성과 보수를 부과했다.

도널드 매런, 베어스턴스 CEO 제임스 케인"[8] 등 거물 고객을 끌어들였다. 타이완은행, 쿠웨이트 연기금, 홍콩 국토개발국 등 대형 기관도 투자했다. 헤지펀드에 투자하지 않기로 유명했던 이탈리아 중앙은행조차 1억 달러 이상을 건넸다.[9]

LTCM은 1994년 2월 자본금 12억 5,000만 달러로 출발한 당시 사상 최대 규모의 헤지펀드였다. LTCM은 시작과 함께 강력한 성과를 거두었다. 첫 10개월 동안 수익률은 20%에 달했다.[10] 1995년에는 43%의 수익률을 기록했고 1996년에는 41%의 수익률을 기록하며 그해에만 21억 달러 이익을 올렸다.

넓은 관점에서 이 숫자가 보여주는 것은, 대중이 알지 못하는 기이하고 난해한 사업에 종사하는 소수의 트레이더, 애널리스트, 연구원이 그해 맥도날드가 전 세계에 햄버거를 판매해 번 것보다, 그리고 메릴린치, 디즈니, 제록스, 아메리칸 익스프레스, 시어스, 나이키, 루슨트, 질레트 등 일류 기업과 유명 브랜드가 번 것보다 더 많은 돈을 벌었다는 사실이다.[11]

LTCM은 그야말로 승승장구했다. 높은 수익률을 꾸준히 기록했고 가장 큰 손실을 기록한 달도 그 손실 규모는 2.9%에 그쳤다.[12] 너무 뛰어나 믿기 어려울 정도였다. 1997년 가을, 머튼과 숄즈는 함께 노벨 경제학상을 수상했다. 그들의 성과에 대해 〈이코노미스트〉는 "위험 관리를 추측의 게임에서 과학으로" 바꾸었다고 평가했다. 수익률이 거침없는 상승세를 이어가면서 LTCM은 단 한 분기도 손실을 기록하지 않은 채 자본을 네 배로 불렸다.[13]

그러나 좋은 시절도 영원하지는 않았다. 월가에서 '이기는 전략'은 유효 기간이 짧은 경향이 있다. 커다란 성과는 커다란 부러움을 사고, 결국에는 모든 트레이딩 비법이 세상에 알려진다. LTCM의 차익 거래 전략도 예외는 아니었다. LTCM 트레이더 출신 에릭 로젠펠드는 이렇게 말했다. "모두가 우리를 따라잡기 시작했다. 우리가 관심만 보여도 이내 기회가 사라졌다."[14] 기회를 잡기 어려워진 그들은 1997년 말 수익률 25%, 보수 공제 후 17%를 기록한 뒤 자본금 중 27억 달러를 최초 투자자에게 되돌려주기로 결정했다.[15] 당일까지 벌어들인 투자 수익은 물론 1994년 이후 들어온 투자금 전액이 투자자에게 지급되었다.[16]

이것이 문제가 되었다. 목표했던 대량 거래를 일으키지 못하게 되면서 전략적으로 상당한 레버리지, 즉 차입금을 이용한 투자가 필요했다. 27억 달러를 돌려준 뒤에도 투자 포지션의 크기를 줄이지 않았고, 그 결과 LTCM의 차입금은 자기자본 대비 18배에서 28배로 확대되었다.[17] 루미스에 따르면, LTCM은 거래당 큰 이윤을 추구한 것이 아니어서 위험도 적다고 믿었다. 그러나 미국과 유럽 시장에서 차입 규모가 급증하면서 시장이 1포인트 변동할 때마다 약 4,000만 달러가 위태로운 상황에 처했다.[18]

미청산 상태open position 계약 규모가 1조 2,500억 달러에 달하고 차입금이 자기자본의 100배에 달한 적도 있었다. 이 레버리지는 세계적으로 전례가 드문 대규모 손실로 이어졌다.

1998년 5월, 미국과 해외 채권의 금리 차는 LTCM이 여러 모델을 이용해 추정한 것보다 더욱 확대되었고 펀드는 6.7% 손실을 기록했다. 당시로서는 월별 최대 손실 폭이었다. 6월에는 추가로 10% 손실을 기록하면서 그해 상반기 동안 총 14% 손실이 발생했다. LTCM 하락세의 진원지는 러시아였다. 1998년 8월 러시아의 주요 수출 품목인 원유의 가격이 3분의 1이나 하락하면서 그해 러시아 주식시장은 75% 폭락했고 러시아 단기 채권 수익률은 두 배나 급등했다. 그러자 메리웨더와 동료에게도 문제가 생겼다. 세계의 모든 두뇌가 나섰지만 앞으로 닥칠 일에서 그들을 구할 수 없었다.

LTCM은 금융 과학을 정신의 가장 바깥 영역까지 극한으로 가져갔다. 그들은 포트폴리오의 모든 포지션에 대해 사소한 움직임 하나하나의 확률까지도 냉정하게 계산했다. 1998년 8월 그들이 계산한 일별 '발생 가능한 최대 손실 금액(Value At Risk, VAR)'은 3,500만 달러였다. 1998년 8월 21일은 사라진 5억 5,000만 달러와 함께 그들의 확신도 증발한 날이다.[19] 끝의 시작이었다.

그달 말, 연초 이후 누적 기준으로 52%, 총 19억 달러에 이르는 손실이 발생했다. 죽음의 소용돌이가 본격적으로 휘몰아쳤다. "9월 10일 목요일, 회사는 5억 3,000만 달러 손실을 기록했다.

금요일에는 1억 2,000만 달러였다. 다음 주에도 멈추지 않았다. 월요일에는 5,500만 달러를 날렸다. 화요일에는 8,700만 달러였다. 9월 16일 수요일에는 더 큰 1억 2,200만 달러 손실이 발생했다. 성서 속 전염병처럼 한숨 돌릴 틈도 주지 않았다."[20] 9월 21일 월요일, LTCM은 5억 5,300만 달러 손실을 기록했다.[21]

LTCM의 실패한 포지션이 금융 시스템 전체를 오염시키는 것을 막기 위해 뉴욕연방준비은행은 월가의 14개 은행이 36억 달러를 조성해 LTCM 지분 90%를 인수하도록 주선했다. LTCM의 몰락은 그 규모 면에서 업계가 일찍이 목격한 적이 없는 수준이었다. LTCM은 원래 피델리티의 마젤란 펀드보다 2.5배, 그다음 규모의 헤지펀드보다 4배 큰 펀드였다.[22] LTCM의 자기자본 36억 달러 가운데 5분의 2는 파트너들이 개인적으로 보유한 것이었다. 이 모든 것이 단 5주 만에 사라졌다.

똑똑한 사람들이 어떻게 그처럼 어리석은 짓을 할 수 있었을까? LTCM의 최대 실수는 돈과 세로토닌이 동시에 넘쳐날 때 인간이 어떻게 행동할지를, 그들이 개발한 모델로, 예측할 수 있다고 믿었다는 데 있었다. LTCM의 대변인 피터 로젠탈은 실제로 이렇게 말했다. "위험은 변동성의 함수입니다. 모두 계량화가 가능하죠."[23] 충분히 일리 있는 말이다. LTCM에 맡긴 1달러는 1998년 4월 고점에서 2.85달러가 되었다. 단 50개월 만에 무려 185% 수익률을 기록한 것이다. 나심 탈레브는 저서 《행운에 속지 마라Fooled by Randomness》에서 다음과 같이 지적했고, 그 지적은 옳았다. "LTCM 사건에서 그들은 자신이 시장을 이해하지 못할 수도 있고 자신의 방식이 틀릴 수도 있다는 것을 전혀 인정하지 않았다."[24]

짐 크레이머는 말했다. "간단히 말하자면 중대한 실패였다. 이 돈벌이가 측정과 구조화, 추론, 게임이 가능한 과학이라고 생각했던 월가 모든 사람들의 심장을 강타했다."[25]

그들은 모든 문제를 해결할 능력을 가지고 있었지만 정작 해결해야 할 문제가 무엇인지는 알지 못했다. 우리가 이 중대한 실패에서 배울 수 있는 교훈은 분명하다. 자만과 뛰어난 머리가 만나면 위험한 요리법이 탄생한다는 것이다.

잭 보글
Jack Bogle

자신에게 맞는
방법을 찾아야 한다

인생에서는 가끔 뒷걸음질 칠 때
위대한 전진이 이루어지기도 한다.

– 잭 보글

2017년 현재 뱅가드 500 인덱스 펀드는 자산 규모가 2,920억 달러에 달하는 세계 최대 뮤추얼 펀드다. 2,920억이면 292 뒤에 0이 무려 아홉 개다. 어떻게 해야 이처럼 거대한 규모가 될 수 있을까? 1,100만 달러로 출발해 40년 동안 매년 29% 성장하면 가능하다. 2,920억 달러를 100달러 지폐로 늘어놓으면 그 길이가 319km에 달한다. 뉴욕에서 뱅가드 본사가 위치한 펜실베이니아 밸리포지까지 왕복할 수 있는 거리다.

지수 펀드는 지난 몇 년간 놀라울 정도로 성장했다. 2006년 말 이후, 액티브* 투자자는 액티브 뮤추얼 펀드에서 1조 2,000억 달러를 빼내 1조 4,000억 달러를 지수 펀드에 재투자했다.[1] 뱅가드는 이처럼 투자 선호도가 급변하는 가운데 최대 수혜자 위치를 지켜왔다.

세계에서 유일하게 상호기금형 뮤추얼 펀드 구조를 지닌 뱅가드는 2014년 펀드회사 사상 최대 매출을 기록했다. 2015년, 2016년에도 기록을 경신했다.[2] 지금은 지수 펀드가 보편화되었지만 처음부터 그랬던 것은 아니다. 투자자가 '평균' 수익률에 만족한다는 개념은 한때 이단이었으며, 지수 펀드는 잭 보글(Jack Bogle, John C. Bogle)이 내린 그릇된 판단의 대표 사례로 종종 언급되었다.

---

* 시장 평균 대비 초과수익을 추구한다.

보글이 뮤추얼 펀드 산업과 금융 전반에 미친 영향에 관해서는 아무리 강조해도 지나치지 않다. 뱅가드는 4조 달러 이상의 고객 자산을 운용한다. 그러나 '오직' 시장수익률을 추구한다는 개념이 처음 등장했을 때는 큰 인기를 얻을 만한 것이 아니었다. 사실 지수 펀드는 투자 업계에서 원성의 대상이었으며 투자자의 관심을 받지도 못했다. 투자 은행이 1976년 뱅가드의 퍼스트 인덱스 트러스트 펀드(현재의 뱅가드 500 인덱스 펀드)를 대상으로 모집에 나서며 목표한 판매액은 1억 5,000만 달러였다. 그러나 실제 조달한 자금은 목표에 93% 못 미치는 1,130만 달러에 불과했다.[3]

시장에 역대 최고의 영향력을 발휘한 투자가 보글에게 배울 수 있는 교훈은, 투자는 대개 '일생 동안 계속되는 긴 여행'이라는 것이다. 성공, 실패, 희망, 꿈, 그리고 그 사이에 있는 모든 것이 이 여정을 채운다. 보글 역시 투자 업계의 러시모어산에 얼굴을 새긴 영웅이지만, 그의 이름을 들으면 떠오르는 지수 펀드는 그의 50번째 생일이 3년 남은 시점까지도 아직 탄생하지 않았다.

지수 펀드가 탄생하기 25년 전인 1951년, 보글은 프린스턴대 졸업 논문에서 뮤추얼 펀드가 "시장 평균 대비 우월한 성과를 낸다고 주장해서는 안 된다"라고 지적했다. 당시 성과를 검토한 결과 뮤추얼 펀드가 지수 수익률을 매년 1.6%p 하회한 사실을 발견한 것이다. 얼마 지나지 않아, 프린스턴대를 졸업하고 웰링턴 펀드를 설립한 월터 모건이 보글을 채용했다.

모건은 1928년 10만 달러 규모의 초기 형태 액티브 밸런스형*
뮤추얼 펀드를 설립했다. 약 90년 뒤 이 펀드는 미국에서 가장 오래된 밸런스형 펀드가 되었다. 웰링턴 펀드는 대공황에서 살아남은 몇 안 되는 펀드 가운데 하나였다. 이는 창업자의 신중함 덕분에 가능했다. 이 펀드는 1929년 폭락 당시 자산의 38%를 현금으로 보유했다. 책임감 있는 자본 관리인으로 인식된 웰링턴은 많은 경쟁자가 무너진 대공황을 거치며 오히려 성장 동력을 확보했다.

1951년 보글이 채용될 당시 웰링턴 펀드는 1억 4,000만 달러를 운용하고 있었다. 2018년 현재 자산 규모는 950억 달러로, 1928년 10만 달러 대비 무려 95,000,000%나 증가했다. 89년간 연평균 17%에 가까운 성장률을 꾸준히 기록한 것이다. 그러나 여기까지 오는 길이 평탄하지만은 않았다.

1964년 20억 달러에 달하는 최대 자산 규모 달성을 앞두고 모건은 이렇게 말했다. "웰링턴이라는 이름에는 마법의 반지가 있다. 설명하기 힘든 이 반지의 힘은 보수적인 금융 조직으로서 웰링턴을 거의 완벽하게 만들어준다."

그러나 이 보수적인 금융 조직은 이내 길을 잃었다. 수익률이 그저 그런 수준에 머물고 배당이 감소하면서 펀드 자산은 무려 75% 급감해 4억 7,000만 달러가 되었다.[4]

---

* 각종 자산에 균형 있는 분산 투자를 추구한다.

보글은 웰링턴의 위상이 추락하는 것을 바로 앞에서 목격했다. 1960~1966년 투자 위원회의 일원이었던 그는 36세이던 1965년 모건에 의해 웰링턴 그룹의 차기 회장으로 지목되었고 1970년 CEO가 되었다.

이전보다 더 큰 책임을 맡게 되었지만 성과는 그에 미치지 못했다. 1963~1966년 웰링턴 펀드의 연평균 수익률은 연 5.1%에 그쳐 밸런스형 펀드의 9.3%를 크게 하회했다.[5] 시장이 서서히 달아오르기 시작하고, 월가의 보수적 성향이 1920년대 이후 등장한 신진 세력의 주도로 변화하면서 경영진은 변화에 뒤처지지 않기 위해 무엇이든 해야 한다고 판단했다. "'호시절go-go years'의 달콤한 노래에 이끌려 나는 분별없이 마차에 올라탔다."[6]

시대와 발을 맞추려는 결심은 보스턴의 신생 회사 '손다이크, 도란, 페인 앤드 루이스(이하 TDP&L)'와 합병하는 것으로 이어졌다. 보글은 이 합병이 다음 세 가지 목적을 달성하기 위한 것이었다고 밝혔다.

1. 최고 수준의 수익률을 달성할 수 있는 펀드매니저를 '새로운 시대'로부터 영입한다.

2. 신생 투기적 성장 펀드(아이베스트 펀드Ivest Fund)를 웰링턴의 기치 아래 영입한다.

3. 빠르게 성장하는 투자 자문업에 접근할 발판을 마련한다.[7]

두 기업의 합병은 독특한 조합이었다. 말하자면 뱅가드가 암호 화폐 거래 회사를 인수한 것이나 마찬가지였다.

다음은 1968년 〈인스티튜셔널 인베스터〉에 실린 '신동들을 영입하다The Whiz Kids Take Over'라는 글에서 발췌한 내용이다. "웰링턴은 1928년 설립되었으며 보통주, 우선주, 고등급 채권에 투자하는 밸런스형 포트폴리오로 투자자에게 안정적인 수익을 제공하고 물가 상승률 수준의 저위험 성장을 추구하는 것을 목표로 운영되었다. (중략) 반면 아이베스트는 사실상 웰링턴이 최소화하고자 했던 변동성을 최대한 활용하는 것을 목표로 1961년 설립되었다."[8]

합병 후 웰링턴 펀드는 지금까지 걸어온 길과 전혀 다른 길을 걷기 시작했다. 1929년부터 1965년까지 웰링턴의 평균 자기자본 비율은 62%였고 평균 베타는 0.6이었다.[9] 그러나 젊은 세력이 가세한 뒤 회전율은 1966년 15%에서 다음 해 25%로 증가했고 밸런스형 펀드에서 평균 55%를 차지했던 주식 비중은 80%에 근접했다.

합병 직후 보글은 자신의 기민한 사업 판단이 굉장히 현명한 결정이었다고 느꼈다. 2017년 인터뷰에서 그는 이렇게 말했다. "합병 이후 첫 5년 동안은 보글이 천재라고 했을 것입니다. 10년이 지날 때 즈음에는 AOL-타임워너 건을 포함한 모든 합병이 최악이었다고 말했겠지요. 모든 것이 허물어졌습니다. TDP&L은 경영 능력이 전혀 없었어요. 자신들이 만든 아이베스트 펀드가 파산했습니다. 두 개 펀드를 더 설립했고 둘 다 파산했죠. 그리고 웰링턴 펀드를 무너뜨렸습니다."[10]

다른 수많은 펀드와 마찬가지로 유혹을 떨쳐내지 못한 웰링턴은 결국 1960년대 호시절에 실컷 단물을 빨린 뒤 버려졌다.

호시절을 뜻하는 '고고go-go'는 주식시장이 작동하는 방식을 규정하는 용어가 되었다. 주식시장은 언제나 자유롭고 빠르며 활기찼다. 때로는 기쁨과 유쾌함, 왁자지껄한 소란함을 수반하기도 했다. 큰 이익을 재빨리 실현하는 것을 목적으로 대규모의 거래가 빠르게 이루어지는 것이 주식시장의 특징이었다. 이 용어는 특히 전례 없이 자유롭고 신속하게, 혹은 활기 넘치는 방식으로 운영된 특정 뮤추얼 펀드를 지칭하는 데 활용되었다.[11]

투자자는 자신이 투자한 '균형 잡힌 펀드'가 어쩌다 전혀 알아볼 수 없는 다른 무엇으로 변했는지 1967년 연차 보고서를 통해 알게 되었다. 새로 포트폴리오 운영을 맡았던 월터 캐벗은 이렇게 기록했다.

세상은 변합니다. 좀 더 현대적인 개념과 새로운 환경에 보조를 맞춘 포트폴리오를 구축하기 위해서는 우리도 변화해야 한다고 판단했습니다. 우리는 '역동적인 보수주의'를 우리의 철학으로 선택하고, 시대적 변화를 충족하고 구체화하며, 그 변화를 이용해 이익을 창출하는 능력을 입증하는 기업에 집중했습니다. (우리는) 성장주에 확실한 역점을 두고 전통적 기초 산업의 비중은 축소하는 가운데 주식 비중을 자산의 64%에서 72%로 확대했습니다. (중략) 강력한 공격이 최선의 방어입니다.[12]

이 글이 쓰인 시기는 호시절이 정점을 향해 가던 때였으니, 최악의 타이밍이었다. 존 데니스 브라운은 《101 Years on Wall Street 월가의 101년》에서 1968년을 "1929년 이후 가장 투기가 심했던 해"라고 묘사했다.

다우지수가 18개월 만에 36% 하락하고 개별 종목은 더욱 큰 폭으로 하락하면서 호시절도 1969년을 끝으로 처참하게 막을 내렸다. 그러나 주식시장은 반등했고 처참했던 기억은 투자자의 머리에서 빠르게 지워졌다. 다음으로 월가를 사로잡은 것은 '니프티 피프티nifty fifty*'와 '원 디시전one-decision**' 종목이었다. 포트폴리오 매니저는 더 이상 빠르게 성장주를 사고팔지 않았다. 대신 IBM과 디즈니 같은 우량주에 투자했다. 가격이 아무리 비싸도 상관없었다.

그러나 풍선에서 바람이 빠지듯 주식시장에서 바람이 빠져나가면서 그들은 '강세장을 실력과 혼동해서는 안 된다'는 말의 의미를 이해했다. "내가 추구하고 성사했던 합병은 웰링턴의 문제

---

* 1969~1973년 기관투자가의 집중 투자로 상승하며 미국 증시를 주도했던 50개 대형 우량주를 일컫는다.
** 가격이 얼마든 고민할 필요 없이 단번에 매수를 결정하고 장기간 보유해도 좋다는 뜻에서 '원 디시전' 종목이라는 별칭을 얻은 주식이다.

를 해결하는 데 실패했을 뿐 아니라 문제를 더욱 악화시켰다."[13]
웰링턴이 TDP&L을 합병한 이유 중 하나였던 아이베스트 펀드
의 가치는 55% 하락했다. 같은 기간 S&P500은 31% 하락했다.
참사는 아이베스트 펀드에 그치지 않았다. 그들은 몇 개 펀드를
추가로 설립했지만 나을 것이 없었다. 시장이 급락하자 이들 펀
드의 주가는 S&P500 지수보다 더욱 큰 폭으로 하락했다. 익스
플로러 펀드는 52%, 모건 성장 펀드는 47%, 트러스티 주식형 펀
드는 47% 하락했다. 1978년 트러스티 주식형 펀드의 주가는 반
토막이 났고, 보글이 (농담이 아니라 정말로) '기술적 분석을 이용한
수익 추구'를 목표로 한다고 밝힌 투기형 펀드(테크니베스트)는 그
보다 훨씬 앞서 반 토막이 났다.[14] 그렇다. 지수 펀드의 창시자 잭
보글은 원래 기술적 분석을 기반으로 한 전략을 운용하는 회사의
CEO였다.

회사의 꽃이었던 웰링턴 펀드의 피해는 특히 심각했다. 웰링턴
펀드 주가는 40% 하락했다. 보글은 다음과 같이 회고했다. "웰링
턴의 긴 실적과 비교했을 때 충격적인 초과 손실이었다. 손실은
11년이 지난 1983년에 이르러서야 회복되었다. '강력한 공격'은
결코 '방어'가 아니라는 사실이 판명되었다."[15] 웰링턴이 오랫동
안 쌓아온 놀라운 성과와 명성은 위험에 처했다. 일반 밸런스형
펀드가 10년 동안 평균 23% 수익률을 기록한 반면 웰링턴의 (배
당을 포함한) 수익률은 2%에 그쳤다.[16]

보글은 자신의 경력 가운데 이 시기를 회상하며 넌더리를 냈다. "그처럼 수많은 나쁜 선택을 한 데 대한 후회와 나 자신에 대한 분노를 어떠한 말로도 표현하기 어렵다. 나와 내게 맡겨진 회사를 호시절의 매니저와 엮이게 했다."[17]

처참한 성과에 대한 비난이 보글에게 쏟아졌다. 그는 1974년 웰링턴 매니지먼트의 CEO에서 해임되었지만 이사회를 설득해 웰링턴 펀드의 대표직을 유지했다.

비참한 실패는 금융계에 세계적으로 유례가 없는 가장 중요한 혁신을 가져왔다. 바로 지수 펀드의 탄생이다. 2005년 보스턴 증권분석협회가 주최한 한 행사에서 폴 새뮤얼슨은 이렇게 말했다.

나는 보글의 발명을 자동차, 알파벳, 구텐베르크 인쇄술, 와인 및 치즈의 발명과 동급으로 평가합니다. 지수 펀드는 그를 부자로 만들어주지는 못했지만 뮤추얼 펀드 투자자의 장기 수익률을 높였습니다. '해 아래 새것'이었습니다.[18]

보글은 자신이 배운 교훈을 모두 받아들이고 사업을 개선하는 방법을 찾는 데 집중했다. 1974년 9월 보글과 그의 팀은 수개월에 걸친 조사를 끝냈다. 그는 조사 결과를 근거로 펀드의 이사들을 설득해 웰링턴 펀드 및 추가로 엄선한 7개 펀드 운용에 전념할 전문 인력으로 구성된 웰링턴 그룹을 설립했다. 웰링턴 그룹의 8개 펀드는 전적으로 펀드 자체가 소유했다. "원가 기준으로 운영되는 진정한 상호기금형 뮤추얼 펀드로서 뮤추얼 펀드 업계에 선례가 없는 것이었다. 새 회사의 명칭으로 내가 택한 것은 뱅가드 그룹이었다. 1974년 9월 24일 뱅가드 그룹이 탄생했다."[19]

지수 펀드인 퍼스트 인덱스 인베스트먼트 트러스트 펀드*가 탄생하기까지 보글은 16개월에 걸쳐 이사회를 설득했다. 보글은 이사회에 증거를 제시했다. 지난 30년 동안 S&P500 지수는 연 11.3% 상승한 반면 지수를 이기려고 고안된 펀드의 같은 기간 상승 폭은 9.7%에 그쳤다. 이사회의 반응은 익히 예상하는 바와 같았다. 말하자면 월가는 아직 지수 펀드를 받아들일 준비가 되어 있지 않았다. 1976년 8월 뱅가드 그룹이 출범했을 때 주식시장은 잃어버린 10년을 마감하는 중이었다. 주식은 10년 전 가격에 거래되고 있었고 대공황 이후 최악의 약세장을 막 경험한 뒤였다. 그러나 보글의 결심은 확고했고 계속해서 밀고 나갔다. 그는 투자자가 장기간에 걸쳐 시장수익률에서 정당한 몫을 차지할 수 있는 가장 좋은 기회가 지수 펀드에 있다는 사실을 알았다.

퍼스트 인덱스 인베스트먼트 트러스트 펀드는 첫 10년 동안 좋은 성과를 기록하며 6억 달러 규모로 성장했다(전체 뮤추얼 펀드 자산의 0.5%에도 못 미치는 규모였다). 그러나 경쟁자의 진입은 더

---

* 현재는 S&P500 지수를 추종하는 뱅가드 500 인덱스 펀드로 명칭이 바뀌었다.

덨다. 실제로 1984년이 되어서야 두 번째 지수 펀드인 웰스 파고의 스테이지코치 코퍼레이트 스톡 펀드가 설립되었다. 당시 이 펀드의 판매 보수는 4.5%였고 연간 보수는 자산의 1%였다.[20] 2017년 현재 스테이지코치 펀드 자산은 20억 달러에 불과하다. "아이디어는 흔하다. 실행이 중요하다"라는 보글의 말에는 울림이 있었다.

지수 펀드는 성공했다. 퍼스트 인덱스 인베스트먼트 트러스트 펀드를 설립한 지 20년 만에 자산이 6억 달러에서 910억 달러로 증가한 것이다. 보글은 자신이 옳았음을 입증했고 그것이 끝이 아니었다.

1976~2012년 뱅가드 500 인덱스 펀드는 연 10.4%의 수익률을 기록했다. 같은 기간 대형주 혼합 펀드의 평균 수익률은 9.2%였다. 1.2%p 수익률 격차는 보글이 40년 전 이사회에 제시한 수치와 거의 일치했다. 이처럼 수십 년간의 실적으로 입증된 수익률은 다른 투자 자산 대비 지수 펀드가 지닌 주요 장점이다. 현재 전체 뮤추얼 펀드 자산에서 지수 펀드가 차지하는 비중은 약 30%에 달한다. 무엇보다 2016년 뱅가드 그룹으로 순유입된 자금 규모는 2,890억 달러에 달했다. 이는 모닝 스타 데이터베이스 기준 세계 4,000개 펀드 운용사를 앞서는 규모였다.[21]

보글은 47세가 되어서야 지수 펀드를 만들었다. 자신에게 맞는 투자 방법을 아직 찾지 못했더라도 늦지 않았다는 뜻이다. 누군가는 주식을 선택했을 것이고 누군가는 옵션을 샀을 것이다. 또 누군가는 적절한 타이밍을 기다리며 시장을 맴돌다 이렇다 할 성과를 내지 못했을 것이다. 아직 자신에게 맞는 방법을 찾아가는 중이니 괜찮다.

　일반 투자자가 폴 튜더 존스 같은 트레이더로 성공할 그릇이 아니라는 사실을 깨닫는 데는 많은 시간과 비용이 든다. 누구나 지수 펀드를 사고 보유할 수 있는 것은 아니다. 대단히 고되고 어려운 일이 될 수 있기 때문이다. 잦은 손실을 겪으며 수십 년간 성과를 내지 못할지도 모른다. 그러나 이러한 단점을 모두 고려해도 지수 펀드는 최선의 수단일 수 있다. 모든 사람이 그렇다는 것은 아니다. 자신에게 맞는 방법을 찾는 것이 중요하다. 단, 재현 가능한 방법이어야 한다. 투자에 정해진 절차가 필요하다는 뜻이다. 수많은 변화구를 던지는 주식시장에서 즉흥적으로 대응하는 것은 불가능하다.

　평균 수명이 길어진 만큼 우리는 은퇴 후 긴 시간 동안 필요한 자금 규모를 예상하고 준비해야 한다. 그러려면 보글이 그랬듯 우리에게 맞는 방법을 찾아야 한다. 보글과 같은 거인조차도 몇 번의 타격을 피하지 못했다는 사실은, '투자는 자기를 발견하는 평생에 걸친 여정'이라는 사실을 깨닫게 한다. 아직 그 여정에 있다면 부디 자신에게 맞는 방법 찾기를 멈추지 말기 바란다.

마이클 스타인하트
Michael Steinhardt

정해진 항로를
이탈하고 싶은 유혹

어려운 일이지만, 자신이 아는 범위를 벗어나지 않는 투자자는
어느 누구보다 훨씬 유리하다.

– 세스 클라만*

---

* 바우포스트 그룹 창업자이자 헤지펀드매니저이며
《안전마진(Margin of Safety)》의 저자이기도 하다.

자신이 무엇을 하고 있는지 자세히 알고 있어도 시장에서 돈을 벌기는 어렵다. 한 예로, 특정 산업을 전문으로 담당하는 애널리스트조차 상승 종목과 하락 종목을 가려내는 데 종종 어려움을 겪는다.

상장 지수 펀드ETF와 상장 지수 채권ETN이 보편화되면서 시장의 다른 부문에 대한 접근성은 그 어느 때보다 높아졌다. 그러나 원자재, 통화, 변동성, 주식, 채권 거래가 가능해졌다고 해서 반드시 거래를 해야 한다는 뜻은 아니다. 자신에게 익숙한 영역에서 벗어나는 것은 매우 값비싼 여행이 될 수 있다. 변호사는 구강 외과 수술을 하지 않고 회계사는 설계도를 그리지 않는다. 마찬가지로 자신의 능력범위를 규정하고 그 범위 안에 머무르는 것이 투자자의 의무다.

워런 버핏은 자신의 능력범위를 잘 알았던 대표적인 투자가다. 1990년대 후반 기술주 거품이 형성되었을 때 버핏은 분위기에 휩쓸려 주식을 사지 않은 몇 안 되는 투자가 중 하나였다. 그는 반도체를 알지 못했고 인터넷은 더욱 몰랐다. 그리고 그 사실을 깨끗하게 인정했다.

버크셔 해서웨이의 주가가 반 토막이 났을 때도 그는 자신의 원칙에 충실했다. 자신이 이해하는 영역과 사업 분야에 속한 기업에 투자하기 위해 끊임없이 노력했으며, 동시에 자신이 이해하지 못하는 기업에는 절대로 투자하지 않았다. 덕분에 그는 터무니없이 비싼 가격을 지불하는 일이 결코 없었다.

1999년 7월, 아이다호 선밸리에서 열린 콘퍼런스에서 단상에 오른 버핏은 당시의 투자 지형을 비판했다. 이 연설이 흥미로웠던 이유는 연설 내용(그는 좀처럼 하지 않았던 시장 전반에 관한 이야기를 했다)이 아니라 연설 대상이었다. 청중 중에는 빌 게이츠와 앤디 그로브를 비롯해 기술 산업 분야에서 탄생한 백만장자들이 있었다. 그들에게 버핏의 비판 대상은 시대에 적응하지 못하는 노인의 '신 포도'에 지나지 않았다. 연설 당시, 지난 1년 동안 버크셔 해서웨이 주가는 12% 하락했다. 같은 기간 기술주 중심의 나스닥100 지수는 74% 상승했다. 개별 기술주의 주가 흐름은 더욱 양호해, 같은 기간 개별 종목 상승률은 시스코가 110%, 야후!가 350%, 퀄컴이 408%에 달했다.

1990년대 후반은 가치투자자에게 힘든 시기였다. 인터넷 거품은 기업의 밸류에이션 방식을 일시적으로 바꾸어놓았다. 예를 들어 이토이즈 주가는 상장 당일 325% 상승했다. 당시 전통적 유통 업체인 토이저러스는 이토이즈보다 150배 많은 매출을 기록했고 과거 12개월 동안 1억 3,200만 달러 수익을 달성했다. 같은 기간 이토이즈는 7,300만 달러 손실을 기록했다. 그런데도 토이저러스의 가치는 57억 달러로, 이토이즈의 가치는 77억 달러로 평가되었다.

투자자들이 가치주를 버리고 성장주로 몰려가면서 (버크셔가 지분을 보유한) 코카콜라, 질레트, 워싱턴 포스트 같은 종목은 먼지를 뒤집어쓴 채 소외되었다. 1998년 6월 고점에서 2000년 3월 저점까지 버핏이 이끄는 버크셔 해서웨이의 가치는 무려 51% 하락했다. 내가 추정하는 버핏의 순자산 감소 규모는 이 기간 100억 달러에 달한다. 버핏은 버크셔 주식을 얼마나 팔았을까? 시스코는 얼마나 샀을까? 답은 0이다. 그는 기술주의 유혹을 물리치고 여전히 가치투자에 전념했고, 결국 보상받았다.[1]

버핏도 경험했듯, 자신의 투자 스타일과 포트폴리오가 시장이 선호하는 것과 크게 어긋날 때가 있다. 성공적인 자금 운용을 위해 중요한 것은 이 사실을 받아들이는 것이다. 기회를 잡으려고 나설 때 재정적 안녕은 심각한 위협을 받을 수 있다. 이것은 1994년 마이클 스타인하트와 그의 투자자들이 배운 교훈이기도 하다.

스타인하트는 종목 선정에 타고난 능력을 지녔다. 어려서부터 투자를 한 대가의 신화적인 이야기가 적지 않지만, 그는 실제로 바르미츠바(유대교 성년식) 때 받은 축하금으로 투자를 시작했다. 아버지가 그에게 팬 딕시 시멘트와 컬럼비아 가스 시스템 주식을 사주었다. 그는 자서전《No Bull 황소는 없다》에서 13세부터 주식 투자에 흥미를 가진 배경을 밝혔다.

스타인하트의 학업과 경력은 전적으로 미국 주식시장에 초점을 맞춘 것이었다.[2] 주식시장을 향한 그의 애정은 시간이 지날수록 더욱 강렬해졌다. 그는 매일 여섯 차례 포트폴리오를 검토했는데, 집착에 보상이 따른 덕분에 고객의 주머니를 채워줄 수 있었다.[3]

스타인하트는 헤지펀드 업계의 초기 개척자로 조지 소로스, 줄리안 로버트슨과 더불어 이 업계를 대표하는 3인방으로 손꼽힌다. '스타인하트, 파인, 버코위츠 앤드 컴퍼니'는 1967년 7월 10일 자본금 770만 달러로 설립된 헤지펀드다. 펀드 설립 시점부터 1995년 스타인하트가 은퇴할 때까지, 이익의 20%를 운용 보수로 차감한 뒤 계산한 펀드의 실제 수익률은 연 24.5%에 달했다. 1967년 펀드에 투자한 1달러는 1995년 회사가 문을 닫을 당시 481달러로 불어났다. 같은 기간 S&P500에 투자한 1달러는 19달러가 되는 데 그쳤으니 이 펀드의 성과는 상당히 인상적인 것이었다. 1967년에 1만 달러를 투자했다고 가정하면 1995년 그가 투자자에게 돌려준 돈은 480만 달러에 이른다. 이 놀라운 성과는 추상적인 수치에만 그치지 않는다.

시장에는 훌륭한 장기 운용 실적을 보유한 펀드매니저가 많지만 이들 대부분은 부침이 거듭되는 장세에서 투자자를 붙잡아 두는 데 실패한다. 스타인하트는 초창기부터 좋든 나쁘든 한결같이 자신에게 투자했던 어느 고객을 언급하며, 그 신뢰 덕분에 그 고객이 큰돈을 벌게 되었다고 홍보했다. 그 고객의 이름은 리처드 쿠퍼로, 그는 1967년 스타인하트에게 투자를 시작했다. 그가 최

초로 투자한 50만 달러는 회사가 문을 닫을 즈음 1억 달러가 넘는 금액으로 불어났다.[4]

스타인하트는 꾸준한 성과를 냈지만 한편으로는 감정을 억제하지 못하는 공격적인 트레이더이기도 했다. 회사의 다양한 포트폴리오 가운데 저위험으로 설계된 유일한 포트폴리오에 위험등급이 잘못 평가된mismarked 채권이 여럿 포함되어 있다는 사실을 알았을 때의 일화다. 그는 자제력을 잃고 포트폴리오 담당자를 질책했다. 그는 당시 상황을 이렇게 떠올렸다. "걷잡을 수 없는 분노가 일었다. 전에 없었던 큰 소리가 방 밖으로 터져나갔다. 포트폴리오 매니저는 용기를 내 간신히 웅얼거렸다. '차라리 저 스스로 목숨을 끊겠습니다.' 나는 냉랭하게 대답했다. '볼만하겠군.'"[5] 그는 자신의 태도가 폭압적이라는 사실을 잘 알고 있었지만 굳이 고치려 하지도 않았다. 불같은 성미에 더해 놀라울 만큼 거만할 때도 있었다. 일이 잘 풀릴 때는 특히 그랬다.

열정을 불태운 덕분에 스타인하트의 사업은 30년 경력 내내 거의 모든 시장 환경에서 번창했고, 다른 헤지펀드가 어려움을 겪을 때도 좋은 성과를 거두었다. 1971년 5월 〈포춘〉에 '헤지펀드의 비극Hedge Fund Miseries'이라는 기사가 실렸다. 1960년대 후반의 '호시절'이 갑자기 끝나면서 닥친 헤지펀드 파멸에 관한 증권거래위원회의 보고서를 언급한 기사였다. 강세장이 둔화되기 시작하면서 많은 헤지펀드가 시장 평균 대비 초과수익을 달성하는 데 어려움을 겪었다. 〈포춘〉은 이렇게 보도했다. "(증권거래위원회의) 연구에 따르면 1968년 말부터 1970년 9월 3일까지 상위 28개 헤지펀드의 자산(1968년 전체 헤지펀드 자산의 82%를 차지) 규모가 무려 70%, 금액 기준으로 7억 5,000만 달러 감소했다. (중략) 단 한 개 펀드만이 해당 기간에 포트폴리오 운용으로 수익을 올렸다. 당연한 일이지만 이 펀드는 1970년 증권거래위원회의 헤지펀드 명단에 최대 규모 펀드로 이름을 올렸다. 바로 스타인하트, 파인, 버코위츠 앤드 컴퍼니였다."6

놀라운 수익률을 기록해온 스타인하트에게도 투자자라면 누구나 경험하는 고난의 시기가 있었다. 펀드가 완전히 부실화된 것은 1987년 대폭락 때문이었는데, 1987년 10월 19일(검은 월요일) 아침 그가 S&P 지수 선물을 추가로 매수한 것이 문제를 키웠다. 손실이 컸지만 그는 개의치 않았다. 그는 사태를 미리 알고도 투자 포지션을 취했다고 주장했지만 대부분의 투자자는 대폭락이 다가오고 있다는 것을 알지 못했다. 어찌 되었든 회사는 스타인하트의 주도로 어려운 시기를 통과했다. 그 뒤를 이어, 투자자가 스타인하트에게 배워야 할 가장 중요한 교훈이 된 사건이 발생했다.

1990년대 중반 헤지펀드는 폭발적인 인기를 누렸고 투자자는 서로 자기 돈을 맡아달라며 펀드매니저 사무실 문을 두드렸다. 스타인하트는 당시 상황을 다음과 같이 묘사했다.

헤지펀드 특유의 배타적 성격 때문인지 '수준 높은' 투자자는 모두 헤지펀드에 참여하고 싶어 하는 것 같았다. 헤지펀드는 유행어가 되었다. 제발 투자를 하게 해달라고 매달리는 미래의 투자자들로 회사가 초토화될 지경이었다. 사교 모임에 나가면 돈을 가져가라고 요청하는 잠재적 투자자에게 늘 에워싸였다.[7]

스타인하트는 손쉽게 모은 자금으로 1993년 네 번째 펀드(그의 두 번째 역외 펀드off-short fund였다)인 스타인하트 오버시스 펀드를 설립했다. 이 해외 펀드의 운용 자산은 50억 달러에 조금 못 미치는, 당시로서는(지금도 마찬가지지만) 엄청난 규모였다. 그러나 거대한 자본은 비용을 수반했다. 그는 이제 물가 상승률을 감안해도 최초 운용 자산의 200배 이상에 해당하는 자산을 책임지고 있었다. 주요한 수익원이던 중소형주로는 유의미한 수익률을 내기가 어려워졌다. 그는 어리석은 길을 택했다. 마치 조지 소로스가 된 것처럼 세계 곳곳의 시장을 탐색하며 미지의 영역에 발을 들인 것이다.

미국 시장에서 재빠르게 주식을 사고파는 데 익숙했던 스타인하트에게는 몸집을 불린 것이 독소가 되었다. 외형이 커진 그의 펀드는 전문 지식이 없는 영역에서 모험을 감행하도록 내몰렸다. 프랑스 채권과 제너럴 일렉트릭 주식은 아이폰과 다람쥐만큼이나 닮은 점이 없었다. 그가 거둔 성공의 상당 부분은 자신이 트레이딩하는 시장에 대한 정확한 이해에서 비롯되었다. 그런데 이제는 사업 환경을 비롯해 아는 것이 거의 없는 신흥 시장에서 기회를 찾아야 했다. 그는 회고록에서 "불행히도 우리는 두려움 없이 앞으로 걸어갔다"라고 당시를 떠올렸다.[8]

해외 주식 투자가 스타인하트의 능력범위에서 몇 킬로미터 밖에 있는 것이었다면, 이번에는 달을 향한 여행이 시작되었다. 그의 펀드는 스와프*를 이용해 유럽, 호주, 일본의 부채를 대상으로 방향성 투자를 했다. 통화를 대상으로 한 잦은 자전 거래cross trading**로 펀드의 일일 손익계산서는 30쪽에 달해 사실상 내용을 알아볼 수도 없었다.

자신의 투자 감각을 믿은 스타인하트는 더욱 대담해졌고 투자자는 그의 자만심에 돈을 댔다. 찰리 멍거는 이렇게 말했다. "남들은 소질이 있고 당신은 소질이 없는 게임을 하면 질 수밖에 없다." 스타인하트는 실패가 예정된 게임을 하고 있었다. 그는 주식 대량 매매block trading로 성공했고, 명성이 높아지면서 중개인과의 관계도 발전했다. 회사의 주문 규모는 방대했고 그는 유리한 위치에 서게 되었다. 중개인의 주요 고객이었던 그는 원하는 때 언제든 매매할 수 있었다. 그러나 유럽의 상황은 전혀 달랐다. 오랫

---

* 자산 또는 부채에서 발생하는 장래 현금흐름을 일정 기간마다 교환하기로 약정하는 거래를 일컫는다. 통화 스와프, 금리 스와프, 외환 스와프 등이 있다.

** 동일한 종목에 대해 동일한 수량의 '팔자'와 '사자' 주문을 동시에 체결하는 거래를 일컫는다.

동안 가깝게 지낸 중개인도, 중요한 타이밍에 그를 우선순위에 두는 중개인도 없었다. 상황은 나빠지고 있었다.

과잉 확신으로 무장하자 추진력이 붙었다. 새로운 시장에 대한 전문적 지식이 전혀 없었던 스타인하트는 미국 주식시장에 대한 지식을 적용해 세계 시장에서도 성공을 거둘 수 있을 것으로 생각했다. 그것이 실수였다.

1994년 2월 4일 연준이 금리를 0.25%p 인상하면서 문제가 터졌다. 미국 채권 가격이 하락했고 유럽 채권은 더 큰 폭으로 하락했다. 채권시장의 대폭락으로 스타인하트의 포트폴리오에는 유럽 대륙만큼 거대한 구멍이 뚫렸다. 금리가 인상된 지 나흘 만에 8억 달러가 사라졌다. 금리가 0.01bp(0.0001%) 오를 때마다 700만 달러의 손실이 발생했다.[9]

제대로 알지도 못하는 대상에 너무 많은 돈을 투자하는 것은 큰돈을 날리기 좋은 방법이다. 그러나 돈을 잃는 것보다 더 큰 피해는 돈이 사라진 자리에 정신적인 상처가 남는다는 것이다. 자신의 능력범위를 벗어나기로 한 판단이 스타인하트의 운명을 결정했다. 1994년 사건은 그를 정신적으로 고갈시켰다. 더 이상 외면할 수 없는 정서 상태였다. 그는 당시 상황을 이렇게 표현했다. "1987년이 나를 흔들었고 1994년은 나를 무너뜨렸다. 다시는 되찾을 수 없는 나의 일부를 앗아간 사건이었다."[10]

그럼에도 불구하고 스타인하트와 그를 떠나지 않았던 고객은

1995년 26% 수익률을 기록하며 1년 전 손실의 상당 부분을 회복했고 보란 듯이 재기했다. 그는 이 회복을 계기로 54세에 영원한 은퇴를 결심했다.

"1994년까지 스타인하트는 투자자에게 연 31% 수익을 안기며 펀드매니저로서 한 치의 오점도 없는 26년을 보냈다. 그가 운용한 펀드는 최근 1년간 29% 손실을 기록하며 심한 부진을 겪었다. 잔뜩 사들인 유럽 채권의 가격이 폭락한 것이 주요 이유였다. 운용 자산 규모는 1994년 초 50억 달러에서 1995년 초 21억 달러로 급감했다."[11]

1994년에 29% 손실을 기록했지만 스타인하트는 전후 실적을 잘 봉합해 전례가 드물고 앞으로도 보기 힘들 만큼 놀라운 실적을 30년 동안 이어갈 수 있었다. 평범한 우리도 장기 투자 프로그램을 성공적으로 운영할 수 있다. 투자 수익률을 제어할 수는 없겠지만, 공에서 눈을 떼지 않고 커다란 실수를 피하는 것만으로도 절반은 성공한 셈이다.

정해진 항로를 이탈하고 싶은 유혹은 결코 사라지지 않는다. 2008년 미국 주식시장이 40% 가까이 하락했을 때 미국 장기 국채 가격은 26% 올랐다. 시장은 물론 투자 종목 자체의 수익률을 하회하게 하는 행동 간극behavior gap*을 좁힐 수 없는 것도 바로 이 유혹 때문이다. 실제로 2009년 3월부터 2016년 8월까지 세계 최대 상장 지수 펀드인 S&P500 ETF SPY의 투자자 수익률은 이

펀드 자체의 수익률을 무려 115%나 하회했다.[12]

나쁜 행동 방식은 투자자가 직면하는 중대한 위험 요소이며 자신의 능력범위 밖을 여행하는 것은 투자자가 범하는 가장 흔한 잘못이다. 능력범위가 얼마나 넓은지는 중요하지 않다. 정말로 중요한 것은 그 범위 안에 머무르는 것이다. 자신이 무엇을 모르는지 인지하고 그 안에서 약간의 원칙을 지키는 것만으로도 커다란 차이를 만들 수 있다.

편안한 영역에서 절대 벗어나지 말라는 뜻이 아니다. 지평을 넓히지 않으면 결국 아무것도 배우지 못한다. 그러나 다소 낯선 분야에 투자를 시작한다면, 면밀히 검토한 뒤 처음에는 투자금을 작게 유지하고 손실이 발생하면 훗날을 기약하며 손절해야 한다.

---

* 달성 가능한 높은 잠재 수익률과 실제로 얻은 낮은 수익률의 차이를 일컫는다. 낮은 수익률의 원인은 투자 대상이 아닌 투자 방식에 있다는 것을 설명한다.

제리 차이
Jerry Tsai

강세장이 만들어내는
가짜 실력

천재는 당신이 아니라 상승장이다.

− 존 케네스 갤브레이스

주가는 대개 상승한다. 적어도 미국에서는 역사적으로 그래왔다. 1900년 이래 다우지수는 전체의 47%에 해당하는 기간에 연평균 두 자릿수 상승률을 기록했다. 하지만 대부분의 투자자는 이 순풍에서 힘을 얻었으면서도 우호적인 시장 환경보다는 자신의 기량에서 성공의 원인을 찾는다.

험프리 B. 닐은 《역발상의 기술The Art of Contrary Thinking》에서 "강세장을 자신의 실력과 혼동해서는 안 된다"라고 지적했다. 밀물 덕분에 모든 배가 떠오른 상황*인데도 투자자는 자신에게 시장 수익률을 초과하는 종목 발굴 능력이 있다고 착각한다. 이러한 현상은 너무 만연해서, 이를 가리키는 귀인 편향attribution bias이라는 용어가 따로 있을 정도다. 귀인 편향은 성공을 자신의 실력으로 돌리고 실패를 외부의 '불운한' 힘이 작용한 탓으로 돌리는 현상을 가리킨다.

2013년 연구에 따르면 강세장에서는 개인 투자자의 매매가 증가하는 경향이 있다.[1] 매매를 덜 해야 하는 환경에서 오히려 매매를 늘리는 것은 시장이 상승세일 때 끊임없이 긍정적인 피드백이 주어지고, 몸에서 자연적으로 생성되는 도파민에 중독되기 때문이다. 그 느낌을 지속하기 위해 더 많이, 그리고 더 빨리 매매를

---

* '밀물은 모든 배를 들어 올린다(A rising tide will lift all boats).' 경제 및 주식시장 전반의 상황 개선이 모든 참여자에게 도움이 된다는 거시 경제 이론으로 밀물 효과(rising-tide effect)라고도 한다.

하는 것이다. 그러나 불행히도 회전율과 초과수익은 역의 상관관계를 가진다는 사실은 이미 널리 입증되었다. 강세장에서는 실수를 저지르더라도 큰 타격을 입지 않지만 강세장이 끝나고 물이 빠지면 누가 발가벗고 헤엄을 쳤는지, 즉 누가 강세장의 수혜를 자신의 실력과 혼동했는지 알게 된다.

다우지수는 1929년에 고점을 기록했지만 그 후 3년 동안 지수가 90% 가까이 붕괴되면서 무려 825% 상승해야만 다시 손익 평형에 도달할 수 있는 상황이 되었다. 지수는 25년에 걸쳐 그 산비탈을 거슬러 올라갔고 1954년 11월 마침내 전고점을 넘어섰다. 그해 존 케네스 갤브레이스는 대공황을 초래한 시장의 사건을 다룬《대폭락 1929The Great Crash 1929》를 펴냈다.

1950년대는 사상 최고의 10년이었다. 200선이던 다우지수는 연 13% 상승해 680선에 올라섰고 S&P500의 실질수익률(물가 상승률 조정, 배당 포함)은 16.76%를 기록했다.

이처럼 놀라운 상승세에도 불구하고 1950년대는 주식시장에 관한 기록이 특히 드문 10년이기도 하다. 1950년대 투자 경관에 관해서는 글을 쓴 사람이 거의 없다. 1929년 주가 대폭락과 뒤이은 불황으로 투자자가 거의 전멸했기 때문이다.

주가는 1929~1932년 90% 하락한 뒤 반등했고 1937년 다시 50% 하락했다. 투자자가 주식에서 손을 뗀 것도 당연한 일이었다. '위험이 큰 종잇조각'에 대한 수요가 거의 없었기 때문에 PER

은 1940년대 전체의 절반에 해당하는 기간 한 자릿수(장기 평균은 약 17배)에 머물렀다.

시장을 멀리한 것은 개인 투자자뿐만이 아니었다. 금융 업계는 새로운 피를 수혈하지 못했다. 뉴욕증권거래소가 객장 근무를 맡기기 위해 채용한 인원은 1930~1951년 단 여덟 명에 불과했다.[2] 애덤 스미스(조지 굿맨의 필명)는 저서 《머니 게임The Money Game》에서 당시 상황을 다음과 같이 묘사했다. "월가에는 공백인 세대가 있다. 1929~1947년에 누구도 월가로 진출하지 않았기 때문이다. (중략) 한쪽 어깨에는 늘 디플레이션의 그림자가 걸려 있었다. 디플레이션은 언제라도 다시 발생할 수 있었고 설령 무의식적인 것이었다 해도 그 생각을 떨치는 데는 상당한 의식적 노력이 필요했다."[3] "그레이엄 세대는 암울했던 대공황의 기억과 함께 저물었다. 월가는 1929년에 태어나지도 않았고 선배가 끝없이 되뇌는 옛이야기에 싫증을 내는 젊은 신인들에게 눈을 돌렸다."[4]

1969년 당시 금융 업계 종사자의 90%는 45세 이상이었다.[5] 젊음은 월가에서 엄청난 자산이었다. 〈인스티튜셔널 인베스터〉에 '더 좋은 기회를 찾아 이직을 결심한 30세 미만, 연봉 2만 5,000달러의 3년 차 주식 애널리스트'에 관한 이야기가 소개되었다. 이직 의사가 있다고 알려진 지 단 2주 만에 열다섯 곳에서 제의가 들어왔다. 연봉 3만 달러와 추가 성과급, 주식을 주겠다는 회사도 있었고 계약 연봉 3만 달러에 실제 5만 달러 지급, 2~3년 뒤 파트너 지위를 약속한 회사도 있었다. 연봉 3만 달러와 별도 성과급, 이익 배분, 이연 보상deferred compensation* 혜택을 제공하겠다는 회사도 있었다."

1946년 전체 뮤추얼 펀드 투자금은 13억 달러에 불과했다. 1967년에는 그 규모가 350억 달러로 불어났는데,[6] 특히 한 사람의 펀드매니저, 제리 차이(제럴드 차이Gerald Tsai)에게 투자금이 몰렸다. 펀드매니저 개인의 이름이 중요하지 않던 시절에도 그는 예외였다.

존 브룩스는 무기력한 나날이 행복과 도취의 순간으로 바뀌는 연대기를 《The Go-Go Years호시절》에서 생생하게 기록했다. "1920년대, 미래 주가를 점치는 거의 초자연적 능력을 지녔다고 생각된 인물이 바로 제시 리버모어였다. 1960년대 중반 제럴드 차이에 대한 평가도 그랬다."[7]

1952년 스물네 살이던 차이는 피델리티 펀드를 운영하는 에드워드 존슨을 소개받았다. 그리고 1957년 30세 생일이 되기 전 그는 피델리티 캐피털 펀드를 운용하기 시작했다. 그는 펀드매니저로서 최초로 유명 인사가 된 인물이다. 지구상의 모든 펀드매니저가 그를 주시했다. "내가 아는 수많은 펀드매니저 모두 '목표는 피델리티를 이기는 것'이라고 간단히 설명한다. 거의 모두가

---

* 일정 기간이 지난 뒤 연금, 퇴직 연금, 스톡옵션 등의 형태로 지급되는 보상을 일컫는다.

동일하다."[8]

차이는 주식을 대량으로 신속하게 사고 또 팔았다. 시장보다 더 빨리 상승하는 주식이 있으면 그 주식을 샀다. 상승세가 둔화되면 다른 주식으로 갈아탔다. '호시절'을 대표하는 또 다른 투자자 프레드 카는 이 같은 트레이딩 방식을 다음과 같이 묘사했다. "우리는 어느 것과도 사랑에 빠지지 않습니다. 매일 아침 모든 것을 매물로 내놓죠. 포트폴리오에 있는 모든 주식과 옷가지, 넥타이까지도요."[9] 에드워드 존슨은 차이의 트레이딩 방식을 다음과 같이 묘사했다. "차이가 대응하는 방식을 보고 있으면 감탄이 흘러나왔다. (중략) 그 우아하고 눈부시게 아름다운 타이밍이라니!" 차이의 연간 포트폴리오 회전율은 100%를 넘어섰다. 보유한 모든 주식을 한 차례씩 매매했다는 뜻이다. 이는 월가의 일반적인 포트폴리오 운용 방식과 달랐다.[10]

우아한 타이밍, 그리고 더욱 중요한 수익률에 이끌린 투자자가 전례 없는 기세로 캐피털 펀드에 몰려들었다. 1960년 5월 6,200명이던 주주는 1961년 5월 3만 6,000명으로 늘었다.[11]

차이는 피델리티에서 놀라운 실적을 쌓았다. 1958년부터 1965년까지 296% 수익률을 기록했는데, 보수적으로 운용하는 일반 주식형 펀드의 평균 수익률은 166%였다.[12] 그러나 피델리티는 가족 소유의 회사였다. 눈부신 성공을 거둔 그는 1963년 부사장으로 임명되었지만 네드 존슨이 그의 아버지를 잇게 될 것이라는 사실을 잘 알고 있었다. 1965년 차이는 자신이 가진 피델리티 주식을 220만 달러에 회사에 되팔고 보스턴을 떠나 뉴욕으로 가 직접 맨해튼 펀드를 설립했다.

차이는 경쟁자 사이에서도 영웅으로 묘사되어 업계 최고의 펀드매니저로 인식되었으며 업계 전체의 평판을 높이는 데도 기여했다. 그러나 투자자와 경쟁자, 그리고 차이 자신마저도 기량과 천재성이라고 여겼던 것들이 사실은 행운에 불과했다는 것이 밝혀졌다.

차이의 맨해튼 펀드는 원래 일반 공모로 250만 주를 발행할 계획이었다. 하지만 독창적인 고빈도 트레이더를 향한 투자자의 수요는 차이의 예상을 10배 뛰어넘었다. 펀드는 2,700만 주를 발행해 2억 4,700만 달러를 조달했다. 당시 투자회사로서는 최대 공모 금액이었다.[13] 이는 그해 주식형 펀드에 유입된 현금 총액의 약 15%에 달할 만큼 엄청난 금액이었다.[14] 투자자는 당대 가장 유명한 펀드매니저에게 접근하기 위해 투자금의 8.5%를 판매수수료sales load 명목으로 기꺼이 지불했다. 그러나 차이의 명성도 곧 빛을 잃었다.

모두가 유행처럼 제리 차이를 이야기했고 맨해튼 펀드는 변함없는 대화 주제였다. 그는 월가에서 전설적인 존재였다. 그의 종목 보유와 재빠른 거래를 흉내 내기는 어려웠지만 사람들은 추측을 멈추지 않았다. 사람들은 차이를 면밀히 주시했을 뿐 아니라 그를 응원하면서도 내심 그가 불리한 포지션에 꼼짝없이 묶여 추락하기를 바랐다.[15] 얼마 지나지 않아 그는 세계 최고 자리에서 추락했고 투자자에게 경멸의 대상이 되어 땅속 깊이 파묻혔다.

맨해튼 펀드는 1967년 다우지수보다 2배 높은 40%의 수익률을 기록했다. 그러나 1968년 7% 손실이 발생해 아서 리퍼가 조사한 305개 펀드 가운데 299위를 기록했다.[16]

시장이 폭락했지만 책임 있는 위치에 있는 사람들은 전혀 준비가 되어 있지 않았다. 1969년 당시 월가의 세일즈맨 절반은 1962년 이후에야 업계에 발을 들인, 오직 상승장만을 경험한 사람들이었다.[17] 시장이 하락세로 돌아서자, 가장 빨리 상승했던 종목이 가장 빨리 하락했다. 한 예로, 차이가 총 500만 달러에 12만 2,000주를 매수했던 내셔널 스튜던트 마케팅은 1969년 12월 주당 143달러에서 1970년 7월 주당 3달러 50센트로 폭락했다.[18] 1969년 9월부터 11월까지 시가총액은 300억 달러 가까이 증발했고 1969~1970년 대폭락 당시 손실은 3,000억 달러에 달했다.[19]

1960년대의 총잡이는 오직 수익만 추구했고 위험에는 주의를 기울이지 않았다. 이렇게 태평한 태도를 취한 것은 그들이 참가했던 시장에 원인이 있었다. 1950~1965년 말의 66%에 해당하는 기간에 다우지수는 고점 기준 5% 이내에서 움직였고, 87% 기간에는 10% 이내에서 움직였다. 1950~1965년 동안의 약세장은 '케네디 폭락The Kennedy Slide*'이 유일했다. 당시 S&P500 지수는 27% 급락했지만 약 1년 만에 회복했다.

차이는 계속 이기기만 할 수는 없는 게임을 하고 있었다. 그는 느리고 꾸준한 매매 방식을 버리고 즉각적인 수익 실현을 추구한 새로운 트레이더 1세대였다. 차이가 이끄는 맨해튼 펀드는 초단기 전략의 개척자였고 그들의 행동 하나하나를 모방하는 투자자가 줄을 이었다. 로웬스타인은 "차이가 어떤 주식에 관여한다는 한마디만 들려도 그 종목을 매수하려는 투자자가 우르르 몰렸다"라고 회상했다.[20] 불길한 징후를 감지한 차이는 1968년 8월 차이 매니지먼트 앤드 리서치를 보험회사인 C. N. A. 파이낸셜 코퍼레이션에 약 3,000만 달러에 매각했다.

차이는 지난 경험을 회고하며 자신에 대한 평판에 불편한 기색을 표했다.

1967년은 맨해튼 펀드에 좋은 해였다. 펀드 기준가가 58% 상승했고 대형 펀드 가운데 최고였던 것으로 기억한다. 그래서 1967년은 꽤 기분 좋게 보낸 것 같다. 그다음 해는 형편없었다. 1967년에는 높은 수익률을 냈던 종목이 1968년에는 그렇지 못했다. 너무 오래 보유했거나 애초에 종목 선정이 잘못된 것이었다. 그러나 언론이 아주 잔인했다고 생각한

---

* 1963년 11월 22일 케네디가 암살됐다는 소식이 전해지면서 시장이 폭락했다.

다. 피델리티 캐피털은 1958년 설립되었고 1967년까지 늘 최고였다. 단 한 해, 1968년만 나빴을 뿐이었는데 그때 이후 나는 언론에 의해 매장당했다. 야구 선수처럼 말이다. 열 번 잘하고 단 한 번 경기를 망쳤을 뿐인데도 쓸모없는 놈이 되어버렸다. 부당한 일이다.[21]

차이는 "열 번 잘했다"라고 했지만, 그가 치렀던 경기는 도랑에 빠지지 않게 레인 양옆에 범퍼를 설치하고 공을 던지는 볼링에 비유할 수 있다. 그는 할 수 있는 한 가장 세게 공을 던졌고 그것이 통했다. 그러나 1968년 범퍼가 사라지자 투자자는 큰 대가를 치렀다. 맨해튼 펀드는 그 뒤 몇 년 동안 자산의 90%를 잃었다. 맨해튼 펀드가 1974년까지 8년 동안 기록한 실적은 과거와 현재를 통틀어 뮤추얼 펀드 역사상 최악이었다. 밀물 때는 모든 배가 떠오른다. 차이의 투자자는 매우 중요한 교훈을 얻었다. "강세장을 실력과 혼동해서는 안 된다!"

워런 버핏
Warren Buffett

확신은 어느 누구에게도
허락되지 않는다

모르는 것은 문제가 되지 않는다.
모르는 것을 안다고 확신하는 것이 문제다.

– 마크 트웨인

2017년 초 어느 날 S&P500 주식 거래액이 1,050억 달러를 기록했다. 주식을 매도한 모든 사람과 매수한 모든 알고리즘은 올바른 선택을 했다고 믿었다. 사실 투자자는 모두 확신에 차 있다. 미래는 '아직 오지 않은' 때인 만큼 예측이 불가능하지만, 우리는 미래에 관해 실제로 알 수 있는 것 이상으로 많이 안다고 믿는 경향이 있다. 이러한 경향은 투자에서 다양한 방식으로 드러나는데, 그중 하나가 보유 효과endowment effect다. 어떤 대상을 매수하고 난 뒤 애착이 생겨 그 대상의 가치를 매수 전보다 높게 평가하는 현상이다.

실력이 대등한 두 팀이 벌이는 풋볼 경기 결과에 베팅을 한다고 가정하자. 동전 던지기라고 보면 된다. 여러 번 결정을 번복하다, 쿼터백의 실력은 조금 부족하지만 수비가 좋은 팀에 베팅하기로 결심한다. 접수대에 가서 베팅을 마치는 즉시 돈을 걸기 전과 다르게 자신의 결정이 더욱 만족스럽게 느껴진다. 네치, 탈러, 카너먼은 1991년 논문 〈변칙: 보유 효과, 위험 회피, 현상 유지 편향Anomalies: The Endowment Effect, Loss Aversion, and Status Quo Bias〉에서 이러한 현상을 실험으로 입증했다.[1]

코넬대 학부생 대상 고급 경제학 강의실. 22명의 학생을 대상으로 대학 서점에서 6달러에 파는 머그잔을 한 사람 건너 하나씩 나누어주었다. 머그잔을 받은 학생에게는 판매할 수 있는 선택권이 주어졌고 나머지 학생에게는 구매할 수 있는 선택권이 주어졌다. 조사 결과 판매 희망 가격의 중간 값은 5.25달러였고 구매 희망 가격의 중간 값은 2.25달러였다. 이 차이는, 무엇인가가 일단 자신의 소유가 되면 객관적 사고는 창문 밖으로 달아난다는 사실을 보여준다.

논문의 저자들은 '보유'로 인해 "재화의 매력이 높아지는 것이 아니라 보유한 것을 포기하는 데 따르는 고통이 증가할 뿐"이라는 사실을 발견했다. 두 팀을 두고 머릿속에서 동전을 던지는 도박사의 예로 돌아가 보자. 결정을 번복하겠느냐는 질문을 받았을 때 도박사가 "그렇다"라고 대답할 확률은 매우 낮다. 과거에 긴가민가하던 것도 일단 결정을 내리고 나면 강력한 확신이 자란다.

과잉 확신overconfidence은 우리의 DNA에 깊이 새겨져 있어서 그것을 인식하더라도 스스로를 보호하기는 극히 어렵다. 노벨 경제학상을 수상한 로버트 실러는 이렇게 기록했다. "세상을 보는 관점에 대한 긍지가 우리 자존감의 일부다."[2] 이것은 모두에게 해당되지만 금융업에 종사하는 사람에게는 특히 그렇다. 데이비드 드레먼은 《역발상 투자Contrarian Investment Strategies》에서 애널리스트의 과잉 확신을 다음과 같이 보여준다.

애널리스트에게 특정 종목에서 예상되는 최고가와 최저가를 요구했다. 예상 최고가는 실제 주가가 그보다 낮은 수준에 형성될 확률이 95%인

가격이다. 예상 최저가는 실제 주가가 그보다 높은 수준에 머물 확률이 95%인 가격이다. 따라서 예상하는 최고가와 최저가 사이에는 90% 확률의 사례가 포함될 것이다. 애널리스트의 평가가 현실적이고 편향되지 않았다면 주가가 이 구간 밖에서 움직이는 횟수는 전체의 10%여야 했다. 애널리스트의 예상치는 실제 최고가와 최저가 구간을 35% 확률로 벗어났다. 예상치를 3회 제시할 때마다 1회는 틀렸다는 뜻이다.[3]

평범한 투자자 혹은 금융 전문가만 우리 안에 내재된 사각지대의 희생자가 되는 것은 아니다. 주식을 사고판 경험이 있는 모든 사람이 희생자가 된다. 위대한 투자가 워런 버핏도 마찬가지다. 오마하의 현인으로 불리는 버핏은 이 게임에 참여한 투자자 가운데 매우 인상적인 최장기 기록을 보유하고 있다. 그가 매사추세츠주 뉴베드퍼드에 위치한 작은 방직회사 버크셔 해서웨이의 주식을 최초로 매수한 1962년 이후 2017년까지 이 회사의 주가는 3만 3,333배 상승했다. 같은 기간 다우지수는 30배 상승했다.

버핏은 1965년 버크셔 경영권을 인수했고 그때 이후 2017년까지 버크셔 주가는 1,972,595%, 연 20.8% 상승했다. 1만 달러를 연 20.8% 복리로 52년 동안 투자하면 1억 8,513만 1,161달러로 불어난다. 굉장한 수익률이다.

기업 사냥꾼, 소탈한 억만장자가 되기 전 버핏은 1957~1969년 합자 회사 형태의 투자조합을 운영했다. 그의 투자조합은 12년 동안 총 2,610%의 수익률을 기록했다. 같은 기간 다우지수는 186% 상승했다. 유한 책임 조합원*, 즉 투자자의 수익률은 보수를 제한 후 총 1,400%, 연평균 25%에 달했다. 투자자에게는 이익의 4%가 우선 분배되었고 나머지 이익을 투자자 75%, 버핏 25%의 비율로 나누어 가졌다.[4] 버핏은 자신의 순자산 전부를 고객의 자금과 함께 운용했으니 '자신의 요리를 먹는 요리사였다'는 표현만으로는 설명이 부족하다. 그는 이처럼 위대한 일생의 실적을 40년이 넘는 기간에 걸쳐 달성했다. 그 사이 강세장과 약세장이 있었고, 아홉 명의 대통령이 거쳐 갔고, 경제 주기가 바뀌었고, 획기적인 기술이 등장했다.

버핏과 관련해 저평가된 것 중 하나가 바로 투자 철학에 대해 소통하는 능력이다. 블로그와 인터넷이 등장하기 오래 전부터 그는 고객에게 편지를 썼고 이것은 전 세계 수천 투자자의 필독서가 되었다. 투자조합을 운영하는 동안 그가 거듭 전달한 메시지 가운데 하나는 적절한 벤치마크, 즉 비교 기준을 설정하고 현실적인 기대를 품으라는 것이었다. 시간이 흐르고 투자 성과가 점점 향상되면서 그는 투자자에게 자신이 계속해서 화려한 실적을 낼 것이라 과신하지 말라고 경고했다.

로저 로웬스타인이 버핏의 연간 전망에서 인용한 내용에는 투

---

* 투자조합에서 유한 책임 조합원(limited partners)은 투자자, 무한 책임 조합원(general partners)은 운용사를 가리킨다.

자자의 기대를 누그러뜨리려는 버핏의 의도가 잘 드러난다.

1962년: "내 성과가 부진할 경우 투자자는 자금을 빼도 좋습니다."

1963년: "언젠가 우리를 향해 던지는 토마토를 맞아도 마땅한 시기가 분명히 있을 것입니다."

1964년: "다우지수 대비 초과수익을 지속하는 것은 불가능하다고 생각합니다."

1965년: "다우지수 대비 16.6%p 초과수익을 오랜 기간 유지하는 것이 가능하다고 생각하지 않습니다."

1966년: "손실이 발생하는 해가 있을 것이고, 다우지수 대비 부진한 해도 있을 것입니다. 그것은 분명합니다."

1966년 7월: "이러한 실적은 비정상인 것으로 여겨져야 합니다."[5]

1967년 서한에 담긴 다음의 정서는 30년 뒤 닷컴 버블dot-com bubble 당시 서한에도 다시 등장했다.

게임이 더 이상 자기 방식대로 풀리지 않을 때, 새로운 접근법이 완전히 틀렸다거나 골치 아프게 되었다고 불평하는 것은 인간의 본성입니다. 나는 과거 다른 사람이 이러한 방식으로 행동하는 것을 경멸했습니다. 현재가 아닌 과거를 기준으로 상황을 평가하는 사람이 초래하는 불이익을 익히 보아왔습니다. 본질적으로 나는 현재 상황에 보조를 맞추지 않습니다. 그러나 이것만큼은 확실합니다. 내가 제대로 이해하지 못하고, 실행해 성공한 경험이 없으며, 상당하고 영구적인 자본 손실로 이어질 가능성이 있는 접근법을 받아들이기 위해 내가 원리를 잘 이해하고 있는 접근법을 포기하지는 않을 것이라는 사실입니다. 설령 손쉽게 얻을 수 있는 커다란 수익을 포기해야 하더라도 마찬가지입니다.[6]

버핏은 목표치를 다우지수 대비 10%p 초과수익에서 연 9%, 다우지수 대비 5%p 초과수익으로 낮추어 수정했다. 1968년 그는 경고가 무색하게 58.8% 수익률을 기록했다. 수수료 차감 후 기준으로는 45.6% 수익률이었다. 다우지수는 그해 7.7% 상승했다. 그는 투자자에게 편지를 썼다. "(이 수익률을) 보기 드문 경우로 여겨야 합니다. 브리지 게임에서 카드 열세 장 전부를 스페이드 카드로 받는 경우처럼 말입니다." 그때까지 해낸 것으로도 충분했다. 그는 서른아홉 살이던 1969년 투자조합을 해체했다. 그의 경고는 실현되지 않았다.

자신만만한 사람을 뒷받침하는 두 가지 요소인 '가공할 수익'과 '젊음'을 갖추었지만 재미있게도 버핏의 자신감은 잘 통제된 상태였다. 더 재미있는 것은, 그랬던 버핏이 63세에 자신감에 차 그의 투자 경력에서 가장 값비싼 실수를 저질렀다는 사실이다.

오마하의 현인은 훌륭한 기업을 매수하고 보유해 세계 두 번째 부자가 되었다.[7] 3,000만 달러라는 가격을 놓고 버핏과 그의 동업자 찰리 멍거가 밀고 당기기를 한 끝에, 1972년 버크셔 해서웨이는 2,500만 달러에 시즈캔디를 인수했다. 1972~2014년 시즈캔디가 벌어들인 세전 이익이 19억 달러에 달하는 만큼 몇 배 많은 금액을 지불했어도 괜찮은 거래였다.[8] 1983년 버크셔는 네브래스카 퍼니처 마트(Nebraska Furniture Mart, 이하 NFM) 지분 90%를 5,500만 달러에 인수했다. NFM은 현재 미국 최대 가구 매장으로 성장했다. 2011년 NFM의 이익은 버크셔가 처음 지분을 매수했을 당시의 10배 수준으로 성장했다. 2015년 NFM은 텍사스에 매장을 열었고 첫해에만 7억 5,000만 달러 매출을 기록했다.

버핏은 업계에 종사하며 상당히 좋은 기업을 여럿 인수했는데, 그를 포브스 400대 부자 순위 1위에 올린 것은 시즈캔디도 NFM도 아닌 보험사였다.

버핏은 일찍부터 보험업을 좋아했다. 1951년 경영대학원에 다닐 당시 그는 공무원 전문 보험사인 가이코를 찾아가기 위해 워싱턴으로 향했다. 컬럼비아대에서 만난 스승 벤저민 그레이엄이 이 회사의 회장이었다. 당시 가이코의 연 매출은 800만 달러였다. 2017년 현재 이 회사의 시장 점유율은 12%로, 800만 달러의 매출을 세 시간마다 올리고 있다.[9] 버핏은 1952년 처음 가이코 주식을 샀고 1년 뒤 팔아 50% 차익을 챙겼다.[10]

1967년 버핏은 현재 세계 최대 일반 보험property & casualty 회사로 성장한 내셔널 인뎀너티를 860만 달러에 사들였다. 경영대학원에 다닐 때부터 가이코를 면밀히 관찰해온 그에게 마침내 확실하고 좋은 기회가 주어졌고, 그는 힘껏 방망이를 휘둘렀다.

1976년 가이코는 전년도에 1억 2,600만 달러 손실을 기록했다고 밝혔다. 2년 전만 해도 42달러에 거래되던 주식이 4.875달러가 되었다. 버핏은 50만 주를 매수했고, 추가로 계속해서 지분을 확보해 금세 가이코의 경영권을 확보했다.[11] 1996년 초 버크셔는 23억 달러에 나머지 절반의 지분까지 사들였다(최초 48%의 지분은 단 4,600만 달러에 매수했다).[12] 2017년 현재 가이코의 인수 보험료 수입은 4억 6,200만 달러, 유동 자금인 플로트float는 170억 달러에 이른다.

버핏은 버크셔 해서웨이 2016년 주주 서한에 가이코에 대한 관심을 드러냈다. 여느 일반 보험 판매 회사와 마찬가지로 가이코는 모든 고객에게 보험료를 선불로 받는다. 그 다음 고객의 청구에 따라 보험료를 지급한다.

'선 수취, 후 지급' 모델 덕분에 일반 보험사는 플로트라 일컫는 상당한 유동 자금을 보유하는데, 이 자금은 결국 다른 곳으로 흘러갑니다. 보험사가 회사의 이익을 위해 유동 자금을 투자하는 것입니다. 개별 보험 계약과 청구에 변동이 있더라도 보험사가 보유한 유동 자금은 보험료 규모와 연동해 상당히 안정적으로 유지됩니다.[13]

그러나 모든 매수가 성공적인 것은 아니었다. 1987년 버크셔 해서웨이는 당시의 투자 규모로는 최대인 7억 달러를 살로먼 브라더스에 투자했다. 수익은 있었지만 1991년 미국 국채 거래 관련 추문이 드러나면서 버핏을 정신적, 감정적으로 고갈시켰다.

1990년에 12% 지분을 인수한 US에어는 결국 우선주 배당 지급을 중단했다. 버크셔가 인수한 가격은 3억 5,800만 달러였으나 불과 몇 년 만에 가치가 76% 급락해 8,600만 달러가 되었다. 찰리 멍거는 이렇게 회고했다. "사람을 겸손하게 만드는 경험이었습니다. 가만히 앉아서 서서히 순자산이 사라지는 것을 지켜보았죠. 1억 5,000만 달러, 2억 달러⋯. (중략) 결국은 잘 해결되었어요. 하지만 다시는 같은 경험을 하고 싶지 않습니다."[14]

버핏에게 가장 큰 비용을 치르게 한 실수에 비하면 이 정도에 머문 경험은 오히려 평범해 보인다. 1993년 버크셔는 4억 3,300만 달러에 덱스터 슈를 인수하기로 합의했다. 몇 년 후 덱스터 슈의 가치는 0이 되었다. 더 큰 문제는 인수 자금을 조달하기 위해 버크셔가 발행한 주식이었다. 이것이 문제였다. 거래 당시 버크셔 주가는 주당 1만 6,765달러였다. 2017년 1월 주가는 주당 24만 2,000달러로, 버크셔가 덱스터 슈와 교환한 2만 5,200주의 가치도 1,350% 상승했다. 당시 버크셔의 시가총액은 190억 달러였다. 가치가 0이 될 기업을 사기 위해 넘겨준 주식이 나중에는 거래 당시 시가총액 3분의 1에 해당하는 60억 달러 가치를 지니게 된다는 사실을 누군가 말해주었더라면 그가 어떤 생각을 했을지 짐작만 할 뿐이다.

버핏은 자신이 무엇을 하고 있는지 알았다. 한 기업을 통째로 사들인 것이 처음은 아니었다. 게다가 이미 신발회사를 인수한 경험이 있었다. 1991년 7월 버크셔는 H. H. 브라운을 인수했다. 작업용 단화와 부츠 제조의 북미 선두 업체로서 "이례적으로 우수한 매출액순이익률과 총자산이익률을 기록해온" 회사였다.[15] 이어 합리적 가격대의 남성화와 여성화를 만드는 덱스터 슈를 살 수 있는 기회가 찾아왔고, 그는 이 기회를 놓치지 않았다.

버핏은 〈뉴욕 타임스〉에서 이렇게 말했다 "덱스터 슈는 버크셔 해서웨이가 높이 사는 기업 유형과 정확히 일치합니다. 오랜 기간 지속된 수익, 영속 가능한 판매망, 뛰어난 경영진을 갖추었죠."[16] 버크셔 주주가 받아 든 1993년 주주 서한에는 덱스터 슈에 관해 이렇게 쓰여 있었다.

지난해 덱스터 슈 인수의 기반이 된 것이 1991년 인수한 H. H. 브라운입니다. 작업화, 작업용 부츠, 기타 신발을 제작하는 우수 업체 H. H. 브라운을 인수한 것은 성공적이었습니다. 기대치가 이미 높았지만, 프랭크 루니 덕분에 높아진 눈높이까지 크게 뛰어넘고 있습니다. (중략) 프랭크의 팀을 믿고 1992년 말 우리는 로웰 슈를 인수했습니다. 로웰은 여성화와 간호사용 신발 업계에서 중견 기업으로 자리를 잡았지만 사업에 일부

조정이 필요했습니다. 이번에도 기대 이상의 결과를 얻었습니다. 그래서 지난해 덱스터주에 기반을 두고 대중적인 가격대의 남성화와 여성화를 제조하는 덱스터 슈를 인수하기로 했습니다. 여러분께 장담하건대 덱스터 슈는 바로잡을 것이 없습니다. 덱스터 슈는 찰리와 제가 업계에서 접한 기업 가운데서도 특히 경영 상태가 뛰어난 기업입니다.[17]

버핏은 당시 덱스터 슈가 사업상 직면한 과제를 어느 정도 인지하고 있었다. 하지만 버핏의 자서전 《스노볼The Snowball》의 집필을 맡은 앨리스 슈뢰더는 책에서 다음과 같이 언급했다. "수입한 신발에 대한 수요가 시들해질 것이라 예상한 것은 '능력범위'를 다소 벗어난 일이었다."[18] 주주에게 덱스터 슈를 설명하기 위해 버핏이 사용한 표현은, 투자자에게 과잉 확신을 경고한 투자의 영재가 확신에 차 기업을 마구 먹어치우는 사업가로 자랐음을 분명히 보여준다.

5년 전만 해도 신발 사업은 생각도 하지 않았습니다. 이제는 이 사업에 종사하는 7,200명의 직원을 두고 있고, 출근길에 운전을 하며 "신발만 한 사업은 없다"라고 노래합니다. 마지막으로 무엇보다 중요한 것이 있습니다. 해럴드와 피터는 그들이 사랑해 마지않는 일인 회사 경영을 합병 전과 다름없이 하게 될 것이고, 이를 믿어도 좋습니다. 버크셔는 4할 타자에게 방망이 휘두르는 법을 지시하지 않습니다.

트렌 그리핀은 《찰리 멍거Charlie Munger: The Complete Investor》에 다음과 같이 적었다. "버핏과 멍거는 덱스터 슈를 실사하며 그 사업에 경제적 해자가 있다고 확신하는 실수, 매력적이라 생각한 인수 가격에 지나치게 집중하는 실수를 저질렀다."[19]

심리학자 데일 그리핀과 에이머스 트버스키는 "직관적 판단은 이용 가능한 증거가 해당 가설을 대표하는 수준degree에 과도하게 영향을 받는다"라고 지적했다.[20] 덱스터 슈의 재무 상태와 제시된 가격 외에 버핏이 이용 가능했던 증거는 2년이 채 지나지 않은 H. H. 브라운의 성공적 인수 경험뿐이었다. 그는 다른 모든 사람처럼 자신이 가장 손쉽게 기억하는 것에 의존해 결정하고 행동했다. 덱스터 슈 건에서는 H. H. 브라운의 성공적 인수가 바로 그것이었다.

버핏은 H. H. 브라운을 경영하고 덱스터 슈 인수를 중개한 프랭크 루니를 과신했다. 버핏은 덱스터 슈 창립자 해럴드 알폰드 역시 지나치게 신뢰했다. 마지막으로 자기 자신 역시 과신했다. 덱스터 슈의 상황은 빠르게 악화되었고, 이후 5년 동안 버크셔 주주 서한에서 덱스터 슈는 전혀 언급되지 않았다.

문제는 곧 드러나기 시작했다. 1994년을 시작으로 이후 5년 동안 덱스터 슈의 신발 부문 이익과 매출이 하락세를 기록했다. 1999년까지 매출은 18% 감소했고 영업 이익은 57% 감소했다.[21] 그해 주주 서한에서 버핏은 다음과 같이 언급했다.

우리는 주로 국내에서 신발을 생산하는데, 국내 업체가 효과적인 경쟁을 펼치기에 환경이 극도로 어려워지고 있습니다. 1999년 미국에서 판매된 신발 13억 켤레 가운데 약 93%는 극도로 원가가 낮은 해외에서 생산된 제품입니다.[22]

2000년이 되자 이제 문제는 '덱스터 슈의 정상화' 가능 여부가 아니었다.

1993년 덱스터 슈를 인수하며 그만큼의 금액을 지불한 것은 분명히 실수였습니다. 게다가 인수 대금 지불에 버크셔 주식을 활용하며 실수를 더욱 악화시켰습니다. 제 실수를 인정하는 의미에서 우리는 덱스터 슈 인수로 발생한 회계상 영업권accounting goodwill 잔액을 지난해 전량 상각했습니다. 앞으로 경제적 영업권economic goodwill 일부를 다시 확보할 수도 있겠지만, 현재는 보유하고 있는 것이 분명히 없습니다.[23]

버핏은 덱스터 슈를 인수할 때 자신감에 눈이 멀었던 것인지 모른다. 그러나 그는 주저 없이 실수를 인정했다. 2014년 그는 이렇게 회고했다. "이것은 금융 재앙으로 기네스북에 오를 만한 사건입니다."[24]

버핏은 2007년, 2014년, 2016년에도 덱스터 슈 인수 관련 실수를 재차 언급했다. 사실 실수를 게임의 일부로 인식하는 능력은 그의 강점 가운데 하나다. 그의 주주 서한에는 '실수'라는 단어가 163차례 등장한다. 시장에 단 1달러라도 투자해본 사람이라면 다 그렇듯, 형편없는 투자 경험은 버핏도 꽤 많이 가지고 있다.

버핏은 자신감을 가지기에 충분한 자격을 갖추었지만, 어찌 되었든 그의 과잉 확신으로 인해 버크셔는 60억 달러의 비용을 치렀다. 우리처럼 평범한 투자자는 우리가 투자하는 이유와 우리가 '실제로' 알고 있는 것에 대해 가만히 생각해볼 필요가 있다. 나와 반대 방향으로 매매를 하는 사람보다 더 많이 알고 있는가? 신문이나 인터넷에 올라오지 않은 정보를 알고 있는가? 자신이 옳은지 여부를 판단할 수 있는가? 만일 틀릴 경우에는 어떻게 되는 것인가? 과잉 확신은 우리 안에 너무 깊숙이 새겨져 있어 그것을 인식하는 것만으로는 막아낼 수가 없다.

버핏은 투자자의 과잉 확신을 통제하는 좋은 방법을 제시한다. 투자에 사용할 수 있는 구멍이 20개뿐인 천공 카드가 있다고 가정한다면 자신의 행위에 더욱 신중해질 것이다. 현실적인 조언은 아니다. 현실에서는 누구도 이러한 규율에 충실할 수 없다. 그러나 이를 통해 투자를 할 때마다 얼마나 많이 고민하고 주의를 기울여야 하는지 생각해볼 수 있다. 충분히 생각할 수 있는 시간이 주어지면 속도를 늦추고 충동적 행위를 억제할 수 있다. 그런데 너무 많은 시간을 들이고 너무 많은 정보를 처리하다 보면 확신이 더 커질 가능성도 있다. 그렇게 또 실제보다 더 많이 안다고 생각하게 되므로, 과잉 확신은 극복하기가 매우 어려운 문제다.

과잉 확신을 경계하는 최선의 방법은 투기적 성격의 투자를 할 때 사전에 계획을 세우는 것이다. 미리 정해둔 가격 수준과 손실 금액 또는 전체 투자금 대비 손실 비율을 활용해 자신이 틀렸는 지 여부를 판단하면 된다. 기준을 미리 정해두면 투자자가 직면 하는 커다란 장애물, 즉 거울 속의 자신을 보며 실제로는 가지고 있지 않은 능력을 가졌다고 착각하는 실수를 피할 수 있다.

빌 애크먼
Bill Ackman

고집은 질 수 없는 싸움에서
지게 한다

세상을 보는 자신의 시각에 만족하는지 여부는
자존감과 개인 정체성의 한 부분을 형성한다.

– 로버트 실러

노벨 경제학상을 수상한 심리학자 대니얼 카너먼은 언젠가 이렇게 말했다. "어떤 발상을 하는지는 우리가 어떤 사람인지를 부분적으로 보여줍니다. 발상은 말하자면 소지품 같은 것입니다. 공개되었다는 점이 특징이죠. 이랬다저랬다 한다는 표현은 부적절합니다. 저는 마음을 바꾸는 것을 대단히 좋아합니다!" 기존에 가지고 있는 신념을 포기하는 것이 죽기보다 싫은 대부분의 투자자와 확연히 대조되는 태도다. 그토록 많은 투자자가 시장수익률을 따라잡지 못하는 것은 자신의 자존심에 맞서는 정보를 처리하지 못하기 때문이다.

세상은 늘 변화하지만 우리의 시각은 대개 그에 맞추어 진화하지 못한다. 기존 시각이 부당하다는 것을 입증하는 증거가 눈앞에 제시될 때조차 처음 의견에서 멀리 벗어나려 하지 않는다. 이러한 반응은 인간 DNA의 기본 구조 안에 깊이 새겨져 있어, 이 같은 자연적 정신 기능 저하를 가리키는 용어가 따로 있을 정도다. 바로 인지 부조화cognitive dissonance다. 예를 들어 아무나 붙들고 미래를 예측하는 능력이 있는지 물으면 우습다는 듯 이렇게 대답할 것이다. "제게 수정 구슬이 있는지 묻는 건가요? 그런 능력은 없죠." 그런데도 개별 종목을 골라 매매한다. 그리고 앞으로 가격이 오르기를, 혹은 내리기를 기대하며 잦은 매매를 반복한다. 미래를 예측할 수 없다고 해도 그것은 말뿐이다. 말과 전혀 다른 행동을 하고 있다.

투자자는 자신의 현재 의견을 뒷받침하는 정보를 적극적으로 구하고 소비한다. 이러한 행동 방식은 일반 투자자에게 국한되지 않는다. 실제로 경험이 많을수록 자신감은 더욱 커지고 자신이 틀렸다고 인정할 가능성은 줄어든다. 이미 50% 하락한 주가가 전혀 다른 메시지를 전하고 있어도 마찬가지다.

인간은 '이야기'를 좋아하는 사회적 존재이며 이야깃거리를 만들어내기에 투자보다 좋은 것도 드물다. 주식시장에는 수천 개 종목이 존재한다. 원유, 서비스, 식료품, 운송, 인공 지능, 제약, 레저, 유통, 장비 제조를 비롯한 수많은 산업에 속한 기업이 공개된 시장에서 거래된다. 그리고 매일 달라지는 주가는 문자 그대로 무한한 이야깃거리를 제공한다.

피델리티의 분석에 따르면 사람은 사회적 관계 속에서 실패보다 성공을 공유하고 싶어 한다. 조사 대상의 59%는 수익이 난 거래 경험을 친구와 가족에게 이야기했다. 반면 실패 경험을 공유한 사람은 52%에 그쳤다.[1] 투자자는 금융이라는 경기장에서 벌인 전투 경험을 공유하고 싶어 한다. 한 예로 1998년에는 전체 미국인 가운데 40만 명이 투자 동호회에 참여했을 정도다. 이들은 이따금 모여 지난번 모임 이후 사서 두 배로 오른 종목, 신약 허가를 받은 소형 생명공학회사, 예상보다 좋은 실적을 발표한 기술주에 대해 이야기를 나누었을 것이다. 그러나 모여서 투자 이야기를 나누는 사람의 숫자는 그때 이후 계속 감소해 2012년

에는 10분의 1 미만으로 줄었다.²

사람들이 더 이상 모이지 않는 것은 주식시장 탓이라 할 수 있다. 50% 폭락을 두 차례 경험하고 나면 제아무리 열광적인 이야기꾼이라도 무너지고 말 것이다. 그러나 더 이상 투자 이야기를 하지 않게 된 데는 또 다른 이유가 있다. 다른 사람의 발상을 참고해 더 나은 투자자가 되기가 굉장히 어렵기 때문이다. 더 나아가 자신의 발상을 공유한 뒤 상황이 불리해진다면 제아무리 열린 마음을 가진 사람이라도 언짢을 수밖에 없다.

주식시장의 상승세를 이끄는 것은 소수의 우량 종목이다. 이 외의 종목 대부분은 구린내를 풍긴다. 미국 주식시장에서 거래되는 보통주 7개 가운데 4개는 미국 1개월 국채 수익률을 하회한다. 이처럼 형편없는 종목이 너무 많기 때문에 내가 종목 선정에 별다른 재주를 가지고 있지 않다는 것이 탄로 날 가능성은 시간이 지날수록 더 커진다.

잘못된 선택을 반복하고, 반복하고, 반복하면 정신적으로 황폐해진다. 그 선택이 돈처럼 개인적인 것이라면 더욱 그렇다. 투자자로서 보더라도 개인의 금융 문제는 개인적인 것으로 남겨두는 편이 나을 것이다. 우리는 이와 정반대의 접근법을 가진 사람에게 많은 것을 배울 수 있다. 유달리 목소리가 크고 비밀이 없는 투자자 말이다.

빌 애크먼은 1993년 26세에 헤지펀드 세계에 발을 들였다. 그는 하버드 경영대학원 동창인 데이비드 버코위츠와 함께 여러 투자자에게 모은 자금 300만 달러를 가지고 고담 파트너스를 설립했다. 그들은 전통적인 가치투자 방식으로 일찌감치 성공을 거두었다. 추정한 내재가치보다 저평가된 종목을 매수해 2000년에는 그 300만 달러의 자금을 5억 6,800만 달러까지 불렸다. 그러나 성공한 여러 투자자와 마찬가지로 그들 역시 잘해온 방식에서 벗어나면서 문제에 부딪혔다.

자신감에 넘친 애크먼은 아무리 객관적으로 평가해도 현명하지 못한 포지션을 취했고 그 결과 아무도 원하지 않는 비인기 종목만 잔뜩 끌어안고 있었다. 〈뉴욕 타임스〉도 이 문제를 지적했다. "최근 고담의 투자 활동은 연이은 투자 시기 선정 실패, 놀라울 정도로 부족한 분산 투자, 비유동성 자산에 집중된 위험성 높은 투자로 요약된다."[3] 2002년 말 고담은 펀드 청산을 발표했다. 스스로 결정을 내렸다기보다 투자자가 돈을 돌려줄 것을 단체로 요구하면서 어쩔 수 없이 받아들인 결과였다.

실패한 헤지펀드 하나에 발목이 잡혀 있을 애크먼이 아니었다. 그는 업계 역사상 가장 뛰어난 경쟁력을 가진 투자가 중 한 명이었다. 고등학생 시절에도 그는 늘 도전할 대상을 찾았다. 한 번은 학업적성검사SAT 구술 평가에서 만점을 받겠다며 아버지와 2,000달러 내기를 했는데, 아들의 목표가 달성 불가능하다고 확신한 아버지는 시험 직전 내기를 물러 애크먼을 2,000달러 손실에서 구하기도 했다. 그는 언어 영역에서 780점을 받았다. "언어에서 한 문제를 틀렸고 수학에서 세 문제를 틀렸죠." 그는 골똘히 생각하더니 이렇게 말했다. "지금도 일부 문제가 잘못됐다고 확신합니다."[4]

고담 파트너스를 정리한 애크먼은 결국 다시 도전했다. 2004년 1월 새로운 펀드인 퍼싱 스퀘어 캐피털 매니지먼트를 설립한 것이다. 자기 돈 1,000만 달러와 다른 한 명의 투자자에게 조달한 5,000만 달러로 출발해, 2005년에 외부 투자자에게 펀드를 개방하기로 했다. 실제로 펀드를 개방하자 2억 2,000만 달러가 몰렸다.[5]

새로운 애크먼은 더 이상 수동적으로 투자하지 않았다. 할인된 가격에 사서 결과에 관계없이 소신대로 밀고 나가는 것은 옛날 일이었다. 고담 파트너스의 잿더미에서 불사조처럼 일어난 그는 당대의 가장 공격적인 행동주의 투자자activist investor로 나섰다. 행동주의 투자자는 충분히 많은 주식을 매수해 기업에 변화를 일으키려는 투자자를 가리킨다. 이들은 경영진을 설득해 주가 상승에 중요한 요소인 주주 친화적 정책을 도입하도록 한다. 설득이 통하지 않으면 이사회에 자리를 요구해 내부에서 변화를 일으킬 수도 있다.

행동주의 투자자는 확신에 차 있다. 기업의 주식을 사는 것과 자신의 의지를 경영진에게 관철하며 사업 운영에 관여하는 것은 전적으로 별개다. 돋보이는 행동이 성공할 경우 엄청난 보상이 주어진다. 애크먼은 퍼싱 스퀘어 캐피털 매니지먼트의 첫 번째 목표물 가운데 하나였던 웬디스의 지분 10%를 인수하고 팀 호튼스*를 분사하는 데 합의했다.[6] 2005년 4월부터 2006년 3월까지 웬디스의 주가는 55% 상승했다.[7]

2005년 애크먼은 맥도날드를 목표물로 삼고 수익성이 낮은 사업부 분할을 제안했다. 그는 맥도날드 주식 6,200만 주와 함께 행사할 경우 지분 가치 20억 달러에 해당하는 옵션을 매수했다. 당시로서는 헤지펀드 역사상 가장 큰 규모였다.[8] 맥도날드의 구상은 달랐다. 애크먼은 이렇게 말했다. "우리의 제안은 금융 공학 차원에서 이루어진 것이었고 맥도날드의 독특한 사업 모델은 고려 대상이 아니었습니다. 그들의 의도를 바꾸는 것이 우리 의도입니다." 그는 'No'를 답으로 여기지 않는다. "나는 당신이 지금까지 만난 사람 중에 가장 끈질긴 사람입니다."[9]

애크먼은 MBIA, 타깃, 시어스, 밸리언트, J. C. 페니 등 다른 기업도 겨냥했다. 그러나 그 어떤 '투자가와 기업의 관계'보다 더 이슈가 되었던 것이 허벌라이프와 그에 맞선 애크먼의 베팅 사례일 것이다.

구글 검색창에 '빌 애크먼, 허벌라이프'를 입력하면 약 18만 개

---

* 커피와 도넛 전문점으로 웬디스 인터내셔널의 자회사였다.

의 결과가 검색된다. 애크먼이 다단계 마케팅 회사 허벌라이프를 상대로 벌인 이 이야깃거리 풍부한 싸움은 〈뉴욕 타임스〉와 〈월 스트리트 저널〉에서 수십 차례 다루었고 〈포춘〉, 〈뉴요커〉, 〈배 너티 페어〉에도 등장했다. 이에 앞서 언론인 조 노세라는 애크먼 과 MBIA가 벌인 길고 지루한 싸움을 〈뉴욕 타임스〉에 다음과 같 이 소개했다.

애크먼이 보여준 기업에 대한 순수하고 강박적인 근성 중 최고는 단연 MBIA에 대한 집착이다. MBIA라는 지주회사를 상대로 애크먼이 보여준 모습, 기업의 꼬리를 감아쥐고 절대 놓지 않으려 했던 그 모습은 일찍이 본 적이 없다. 이 지주회사는 미국 최대 채권 보험사인 MBIA 인슈어런 스를 주요 자회사로 두고 있었다.[10]

7년 뒤 결국 애크먼이 옳다는 것이 입증되었고, 그는 14억 달 러를 벌었다.[11] 그런데 MBIA와 벌인 전투는 허벌라이프를 상대 로 벌인 전쟁의 전초전에 불과했다. 행동주의 투자자는 공적 투 자자로 정의된다. 특정 기업의 지분을 5% 이상 획득하면 증권거 래위원회에 신고(13D)를 해야 하기 때문이다. 반면 공매도 포지 션은 공개할 필요가 없었는데도 애크먼은 공개를 택했다. 지금까 지는 없던 일이었다.

로스앤젤레스에 본사를 둔 허벌라이프는 체중 감량 제품 및 영양 보조제 판매 기업이다. 2018년 현재 38년 업력을 바탕으로 90개 국가에서 사업을 펼치고 있는 이 기업은 영업 첫해인 1980년 2만 3,000달러 매출을 기록했고, 1984년 5억 달러, 1996년 10억 달러로 매출을 확대했다. 애크먼이 공매도 포지션을 취하기 1년 전 허벌라이프의 매출액은 54억 달러에 달했고 최고 경영자는 미국 최고 연봉을 받았다.

2012년 12월 20일, 애크먼의 '누가 백만장자를 원하는가?Who Wants to Be a Millionaire?'라는 제목의 짧은 프레젠테이션을 보기 위해 500여 명이 모였다. 애크먼은 허벌라이프를 다단계 조직이라고 비난했다. 그리고 자신에게 투자해 발생하는 이익, 이른바 '피 묻은 돈'은 모두 자선 단체에 기부하겠다고 밝혔다.[12]

프레젠테이션에서 애크먼은 허벌라이프 제품이 에너자이저 홀딩스, 크로락스, 처치 앤드 드와이트 제품보다 더 높은 가격에 거래된다는 데 주목했다. 이들은 암앤해머 베이킹소다, 트로이콘돔, 에너자이저 건전지, 에지 면도젤, 크로락스 물티슈 등 미국 구석구석 어느 집에서나 볼 수 있는 제품을 만드는 전통적 소비재 기업이다. 애크먼은 날카로운 질문을 던졌다. "허벌라이프 제품을 구입한 적이 있는 분 계십니까?"

허벌라이프와 다른 소비재 기업의 중요한 차이는 매출원가를 제한 뒤의 이익인 매출총이익gross margin에 있었다. 위에서 언급한 세 기업의 매출총이익률은 42~46% 수준이었다. 허벌라이프의 매출총이익률은 80%를 넘었다.

애크먼은 허벌라이프의 대표 제품인 포뮬라 1을 화면에 띄우고 설명했다. "20억 달러 매출을 기록하지만 아무도 모르는 브랜드입니다."[13] 그는 포뮬라 1과 오레오, 샤민, 크레스트, 거버, 팜올리브, 베티크로커, 리스테린, 크로락스를 비교했다. 포뮬라 1은 셰이크 제품이지만 GNC, 유니레버, 애보트 랩 등 경쟁사 제품과 달리 분말 형태로 되어 있다. 포뮬라 1 브랜드에는 즉석에서 마실 수 있는 셰이크 제품도 없다.

허벌라이프는 경쟁사보다 10~20배 많은 분말 제품을 판매하지만 매장이 없다. 애크먼이 허벌라이프가 다단계 회사라고 주장하는 핵심 근거가 바로 이것이다. 허벌라이프는 제품을 고객에게 파는 것이 아니라 유통업자에게 판매하고, 유통업자가 다시 고객에게 그 제품을 판매한다(판매하지 않을 수도 있다).

"산수를 해보죠. 여기 보이는 곳들이 퀸즈에서 우리가 들렀던 10개 클럽(회원제 구매 조직)인데 평균적으로 연간 1만 2,000달러 손실이 납니다." 그는 한 유통업자가 등장하는 영상을 보여주었다. "허벌라이프는 스무디를 팔아서 돈을 버는 것이 아닙니다. 세계 곳곳에서 일하는 수백, 수천, 수만 유통업자가 돈을 벌어주는 것입니다."

애크먼은 질문을 던졌다. "허벌라이프가 애보트 랩, 유니레버, GNC를 모두 합한 것보다 여섯 배 많은 양의 건강 보조 분말 제품을 판매하는 것이 어떻게 가능할까요? 혹시 더 저렴해서?" 그렇지 않다. 허벌라이프 제품은 가격순으로 2위 제품보다 65% 비싸다(섭취 열량 200칼로리 기준). 답은 뻔했지만 슬라이드 수백 장을 동원한 설명이 계속 이어졌다.[14]

애크먼은 허벌라이프의 제품 기술, 특허, 연구 개발을 분석했고 연간 사업 보고서와 증권거래위원회 공시 자료도 꼼꼼히 읽었다. 그는 빈틈없이 조사했다. 윈스턴 처칠의 말처럼 '동원하지 않은 수단이 없었고 커틀릿도 확실히 익혔다*'. 이 프레젠테이션은 총 334장의 슬라이드를 활용해 장장 3시간 동안 진행되었다. 그는 CNBC에 출연해 이렇게 주장했다.

세계 곳곳에 저소득층 인구가 수백만 명입니다. 이들에게 백만장자나 그 이상의 부자가 될 기회가 있다는 큰 희망을 품도록 하는 것이죠. 우리는 다만 진실이 드러나기를 바랍니다. 유통업자가 되어 허벌라이프의 백만장자 기준인 연간 9만 5,000달러를 벌 확률이 1%에 지나지 않는다는 사실을 안다면 누구도 가입하지 않을 것입니다. 우리는 그 사실을 폭로할 뿐입니다. 회사는 최선을 다해 대중이 이 사실을 모르게 했습니다.[15]

---

* "처칠의 '열렬한 동맹'이 된 어머니는 아들의 앞길을 위해 염치 불고하고 넓은 인맥을 활용했다. 윈스턴은 당시를 이렇게 회상했다. "어머니는 나를 위해서라면 끌어오지 않은 인맥이 없었고, 동원하지 않은 수단이 없었으며, 덜 익은 커틀릿도 허락하지 않았다." 《Churchill(처칠)》 (2009), 노먼 로즈 저.

그는 나중에 〈블룸버그〉에 이렇게 회고했다. "내가 했던 그 어떤 투자보다 강력한 확신이 있었습니다."[16] 수년 뒤에도 그는 여전히 자신의 전쟁을 치르고 있었다. CNN과의 인터뷰에서 그는 허벌라이프가 다단계 조직이라고 거듭 주장했다.[17]

애크먼은 스스로를 굉장히 곤란한 입장에 빠뜨렸다. 모두에게 허벌라이프가 완전히 사라질 다단계 조직이라고 말했는데 어떻게 패배를 인정할 수 있었겠는가?

프레젠테이션 3일 뒤 허벌라이프 주가는 35% 하락했다. 대량 매도세는 애크먼의 강력한 경쟁자가 허벌라이프에 진입할 기회를 주었다. 헤지펀드인 서드 포인트 LLC 설립자인 댄 롭은 자신이 허벌라이프 지분 8.24%에 해당하는 890만 주를 매수해 회사의 2대 주주가 되었다고 1월 9일 증권거래위원회에 공시했다. 롭은 투자자에게 쓴 편지에서 지분 대다수는 "그 공매도자의 극적인 주장이 나온 이후 공황 매도(panic selling, 극심한 공포에 따른 투매)가 이루어지는 동안" 사들인 것이라고 밝혔다.[18] 롭의 공시 이후 허벌라이프 주가는 5일 동안 20% 상승했다. 일주일 뒤 〈월스트리트 저널〉은 억만장자이자 행동주의 투자자인 칼 아이칸이 허벌라이프 주식을 취득했다고 보도했고 한 달 뒤 공시를 통해 12.98% 지분을 보유한 사실이 알려졌다.

아이칸과 롭은 기존의 고집을 주장하는 애크먼과 맹렬히 대립했다. 아이칸과 롭이 실제로 허벌라이프를 좋은 회사이자 저평가된 주식이라고 생각했는지는 정확히 알 수 없다. 사실 문제는 이 대립과 무관했다. 중요한 것은 애크먼이 이 문제를 세상 끝까지 끌고 가겠다고 공언한 것, 그렇게 자신의 등 뒤에 커다란 과녁을 만들었다는 사실이다. 주가가 급등하면서 숏 스퀴즈 현상*이 나타났다. 주가의 상승 잠재력은 기술적으로 무제한이다. 공매도가 위험한 이유 가운데 하나다.

허벌라이프 주가는 애크먼의 첫 번째 프레젠테이션 이후 며칠 만에 24.24달러로 저점을 기록했다. 하지만 2013년 이후 하루 5% 이상의 상승을 50차례나 기록하며 70달러를 넘기기도 했다. 애크먼의 최초 공매도 시점 주가보다 70% 상승한 가격이다.

성공적인 투자, 특히 성공적인 역발상 투자의 관건은 투자자의 동의를 이끌어내는 것이다. 그러나 자신의 투자 방향을 일반에 널리 공개하면, 그것이 헤지펀드 운영이든 개인 거래든, 상황은 훨씬 어려워진다. 자신의 감정을 다루는 것만으로도 충분히 어렵다. 다른 사람의 감정과 압박을 다루는 것은 정말 어려운 일이다.

자신의 투자를 떠벌리는 순간 우리는 투자하는 이유, 즉 돈을 벌기 위해 투자한다는 사실을 잊는다. 외부의 압력도 가세한다. 애크먼의 목적은 돈이 아니었다. 그의 포지션에 대한 정보를 투

---

* 가격 하락을 예상하고 공매도에 나섰던 투자자가 가격 급등에 따른 손실을 줄이기 위해 빌린 주식을 갚고 공매도 포지션을 정리할 목적으로 매수에 나서며 가격이 단기간 급등하는 현상을 일컫는다.

자자들만 알았다면, 그는 오판을 인정하고 포지션을 정리한 뒤 다음으로 나아갈 수 있었을 것이다. 그러나 그의 포지션은 모두가 지켜보는 전쟁이 되었고, 짐작건대 그에게는 투자자의 돈보다 자신의 평판을 지키는 것이 더 중요했던 것 같다.

대중에게 알려진 뛰어난 성적은 커다란 득이 된다. 헤지펀드 업계에서 기존 고객에게 돌려준 이익만큼 확실한 성공은 없다. 그리고 애크먼은 자신의 성공을 누구보다 잘 이용했다.

애크먼은 이렇게 말했다. "내가 옳다고 생각하는 일이라면 나는 미국에서 가장 집요하고 끈질긴 사람이 될 수 있다."[19] 프레젠테이션에서 그는 다음과 같은 글이 적힌 슬라이드를 제시했다. "다단계 조직은 어째서 불법인가? 다단계 조직은 결국 무너지게 되어 있기 때문에 본질적으로 사기성이 있는 것이다."[20] 허벌라이프가 다단계 조직일 수 있고 결국 붕괴할지도 모르지만, 그와 별개로 그때까지 애크먼이 계속해서 공매도를 하는 것은 거의 불가능하다. 공매도에는 주식이 불리하게 움직이는 것을 지켜보는 정신적, 감정적 비용 외에도 주식을 빌리는 대차 비용이 발생한다. 허벌라이프를 상대로 한 그의 주장이 아무리 강력하더라도 어느 시점이 되면 공매도자는 항복하고 말 것이다.

2016년 7월 25일, 미국 연방거래위원회는 허벌라이프를 4건의 불공정, 부실, 기만적 사업 관행 혐의로 고발했다. 허벌라이프는 분쟁 해결을 위해 2억 달러를 지불하고 "사업 구조를 근본적으로 재조정하겠다"라고 약속했다. 허벌라이프 CEO는 이 합의를 두고 "우리의 사업 모델이 건전하다는 것을 인정한 것"[21]이라고 설명했다. 1년 뒤 주가는 11% 상승했다.

넷플릭스에서 방영된 다큐멘터리 '제로 베팅 게임Betting On Zero*'에서 홍보 전략가 존 실반은 애크먼에게 다음과 같이 묻는다. "4시간 만에 끝났어요. 대단한 프레젠테이션이었어요. 그런데 일부 영리한 청중이 주식을 검토했더니 주가가 올라 있었습니다. 대응 방안은 무엇인가요?" 애크먼은 이렇게 답한다. "상관없습니다. 어쨌든 주가는 오르지 않을 테니까요." 그는 자신의 공매도 전략이 실패했다는 사실을 인정하지 않았다.[22] 주가는 그날 25% 올랐다. 프레젠테이션 이후 3년이 지났지만 그는 여전히 공매도 포지션을 취하고 있었다.**

---

* 허벌라이프가 다단계 조직이라는 의혹을 파헤치고 빌 애크먼의 공매도 투자를 추적한 다큐멘터리. 테드 브라운 연출, 2016년 제작.

** 2018년 2월, 애크먼은 허벌라이프에 대한 공매도를 종료했다. 만 5년 만의 일이다.

스탠리 드러켄밀러
Stanley Druckenmiller

어리석고 재미없는 죄악, 질투

승자의 게임에서는 '승자'가 취하는 적절한 행위가 승리를 결정한다.
패자의 게임에서는 '패자'가 범하는 실수가 패배를 결정한다.[1]

— 찰리 엘리스

---

*   축구는 경기 내용이 어떻든 결국 골을 넣은 팀이 승리하는 대표적인 승자의 게임이다.
반면 골프는 목표 지점까지 최대한 실수를 적게 한 사람이 이기는 패자의 게임이다.

도입부의 두 문장은 찰리 엘리스(찰스 D. 엘리스)가 1998년 그의 대표 저서 《나쁜 펀드매니저와 거래하라Winning the Loser's Game》에서 언급한 내용이다. 다른 말로 표현하면 프로는 점수를 '쌓아가고' 아마추어는 점수를 '잃어간다'. "프로 테니스 선수는 레이저로 잰 듯 정밀하게 조준해 강력하게 공을 때린다. 한 선수가 상대의 손이 닿지 않는 곳으로 공을 보내거나 상대 선수의 실수를 유도할 때까지 흥미진진한 랠리가 오랫동안 이어진다."[2] 아마추어 선수와 프로 선수의 경기 방식은 아마추어 투자자와 프로 투자자의 주식 매매 방식과 유사하다.

대략적으로 이야기하자면 아마추어 투자자는 주가가 오른 후에 사서 내린 후에 판다. 컬런 로슈는 이러한 현상을 다음과 같이 표현했다. "주식시장은 할인 판매가 시작되면 손님이 빠져나가는 유일한 시장이다."[3] 이와 같은 행동 양식, 즉 불에 덴 후에야 숨을 곳을 찾아 달아나려는 욕구는 투자자의 성과가 시장수익률은 물론이고 보유한 자산의 수익률에도 못 미치는* 주된 요인이다. 투자 자산의 수익률과 투자자의 수익률 차이를 일컫는 행동 간극은 거래가 이루어지는 곳이라면 어디에나 존재하는 만고불변의 현상이다. 행동 간극이 존재하는 것은 수백만 명의 집단 행동이 이성을 압도하기 때문이다. 공포와 탐욕은 공격에 취약하

---

* 예를 들어 A라는 주식의 연평균 수익률이 10%라면 실제 이 주식을 보유한 투자자의 수익률은 10%에 미치지 못한다는 뜻이다.

다. 시장은 자기 실책을 유발하는 것으로 악명이 높다.

행동 간극은 만연해 있다. 아마추어 투자자는 평균의 속임수에 쉽게 넘어가기 때문이다. 이들은 '평균 수준의 수익률을 거둘 수 있다'거나 '기대해도 좋다'며 제시되는 정보와 자료의 공세에 노출되고 평균 수익률과 기대 수익률을 혼동한다. "주식 투자 수익률은 보통 연간 8~10%"라는 이야기를 종종 듣는다. 수십 년간 복리로 연 8~10% 수익을 얻는다고 말할 수는 있겠지만, 다우지수 수익률이 마지막으로 8~10% 수준을 기록한 것이 1952년이다. 시장이 기대하는 수익률과 시장의 실제 수익률 사이에는 커다란 간극이 있으며 바로 이 간극에 자기 실책의 위험이 도사리고 있다.

주가는 넓은 범위에서 움직이는 경향이 있다. 그러나 범위의 양쪽 끝에 머무는 것이 대부분이고 평균 근처에 머무는 시간은 거의 없어 투자자에게 큰 좌절을 안겨준다. 이와 같이 변덕스러운 움직임이 아마추어의 주머니에 있는 돈을 프로의 주머니로 이동시킨다.

미국 주식시장은 열세 차례나 연간 30% 이상 상승했다. 이러한 일이 일어나면 나의 수익률이 친구와 가족의 수익률에 견주어 어느 수준인지 알고 싶은 유혹이 생긴다. 자신의 포트폴리오를 타인과 비교할 때 대개 나쁜 일이 벌어진다. 나보다 머리가 좋지 않은 지인의 수익률이 더 높을 때 특히 그렇다. 방향은 반대지만 위험하기는 마찬가지인 경우도 있다. 미국 주식시장은 일곱 차례나 연간 30% 이상 하락했다. 주가가 폭락하는 해가 있을 경우 투자자가 장기적으로 부를 형성하는 데 심각한 지장이 발생한다. 허리케인에 지붕이 날아간 뒤 주택 보험에 가입하는 것처럼 일단 포트폴리오에 손실이 발생한 뒤에는 위험을 회피하려는 경향이 나타난다.

아마추어 투자자는 시장의 고점과 저점에서 자기 실책을 범할 가능성이 크다. 낙관론이나 비관론이 최고조에 달할 때 그 '이야기'가 대중문화 구석구석으로 파고들기 때문이다. 주가가 폭락할 때, 그리고 낙폭을 회복할 때의 이야기는 주목하지 않을 수 없을 만큼 강렬해서 어떤 변화라도 시도하지 않으면 오히려 무책임하다고 여겨질 정도다.

위대한 투자가는 일반 대중과 다르게 행동한다. 다른 투자자가 원하지 않는 것을 사고 간절히 원하는 것을 판다. 그들은 주식과 경마의 닮은 점을 익히 알고 있다. 마이클 모부신은 "주식의 펀더멘털은 경주마의 빠르기라 할 수 있고 주식의 기대 수익률은 경주마의 배당률이라 할 수 있다"라고 말했다.[4] 하워드 막스*가 2차 사고second-level thinking라고 칭한 이것을 우리 대부분은 하지 못한다. 무심한 투자자는 대다수 투자자의 견해가 비슷하다는 사실은

---

* 　오크트리 캐피털 매니지먼트 회장. 부실 채권 투자의 귀재이자 역발상 투자의 달인으로 불린다.

고려하지 않은 채 좋은 기업은 좋은 주식이라고 생각한다. 어쩌면 비슷한 생각을 가진 투자자가 좋은 기업의 주가를 위대한 기업 수준으로 끌어올려 결과적으로 그 기업을 낯 뜨겁게 만드는 것인지도 모른다.

2015년 한 콘퍼런스에서 역사상 손꼽힐 만한 성공을 거둔 투자가 한 명이 청중에게 소개되었다. 사회자는 엄청난 성공을 강조하며 그를 워런 버핏에 비교했다.

대표적인 투자가 워런 버핏이 지난 30년 동안 거둔 수익률은 복리로 연 20% 미만일 것입니다. 30년 전 버핏에게 1,000달러를 투자했다면 현재 17만 7,000달러가 되었겠죠. 이익을 낸 해가 스물네 번, 손실을 낸 해가 여섯 번입니다. (중략) 그 여섯 번 중 세 번은 손실이 20%를 넘었죠. 오늘 밤 모신 발표자에게 30년 전 1,000달러를 투자했다면 현재 260만 달러가 되었을 것입니다. (중략) 30년 동안 손실이 난 해가 전혀 없었죠.[5]

스탠리 드러켄밀러는 조지 소로스가 경영을 맡긴 퀀텀 펀드를 10년 넘게 운영한 인물로 유명하다. 그는 역대 최고의 글로벌 매크로 투자가 가운데 한 명으로 꼽힌다. 드러켄밀러가 참가한 게임에는 급변하는 경제 상황을 평가하고 그것이 어떻게 세계의 주식, 채권, 통화를 움직이는지를 파악하는 과정이 수반된다. 한 동료는 그를 다음과 같이 평가했다. "드러켄밀러는 경제학자보다 주식시장을 더 잘 이해했고, 종목 추천을 하는 애널리스트보다 경제학을 더 잘 이해했습니다."[6] 독특한 조합이었다. 여기에 위험 관리에 대한 그의 애착이 더해지면 상대 선수를 충분히 나가떨어지게 할 만큼 강력한 칵테일이 완성된다. 30년 동안 그는 승자의 게임을 했다. "소로스 덕분에 더욱 강화된 나의 철학은 다음과 같습니다. 공격적으로 행동할 권리를 획득했을 때는 공격적이어야 합니다. 큰 수익으로 시작한 해에 바로 덤벼들어야 합니다."[7]

드러켄밀러는 30년 동안 연간 30% 수익을 올렸다고 알려졌다. 일반적 통념을 쓰레기통에 던져 넣어 가능한 일이었다.

멘토가 들려준 이야기는 아닙니다만 내가 업계에 들어와 처음 들은 말은 황소(강세론자)도 돈을 벌고 곰(약세론자)도 돈을 벌지만 돼지는 도살당한다는 것이었습니다. 제가 오늘 이 자리에서 말하려는 것은 제가 바로 그 돼지였다는 것입니다. 그리고 저는 이 업계에서 장기적으로 뛰어난 수익을 올리는 유일한 방법은 바로 돼지가 되는 것이라고 강력하게 믿습니다.[8]

역대 최고의 투자자 가운데 한 명이자 돼지가 되어 수십억 달러를 번 드러켄밀러에게 배울 수 있는 가장 중요한 교훈은 승자도 때로는 패자의 게임(실책을 줄이는 데 집중하는 게임)을 한다는 것이다.

드러켄밀러는 경영대학원을 다닌 지 한 학기 만에 그만두고 피츠버그 내셔널 뱅크에서 일을 시작했다. 당시 그는 23세로 같은 팀의 직원들보다 훨씬 어렸다. 그러나 1978년, 고용된 지 2년도 지나지 않아 주식 리서치 이사로 승진했다. 그때부터 역대 최고의 펀드매니저로 성장할 기미가 보였던 것은 아니다. 대신 윗사람이 눈여겨본 것은 그의 젊음과 백지상태의 경력이었다. 그는 자기보다 훨씬 더 경험이 많은 동료 대신 그 자리에 오른 이유를 물었다. "열여덟 살짜리를 전쟁에 내보내는 이유와 같네. 자네는 너무 단순하고 너무 어린 데다 경험도 너무 부족해서 공격하기를 주저하지 않지. 1968년 이래로 약세장이 계속되었네. 나는 장기 강세장이 다가오고 있다고 생각하네. 우리는 모두 상처를 입었어. 방아쇠를 당기지 못할 것이네. 그래서 한가운데 뛰어들어 공격을 주도할 젊고 경험 없는 친구가 필요하지."

"그리고 나는 공격을 주도했다. 내 경험 부족이 결실을 맺었다. 이란 국왕 샤가 폐위되었을 때 나는 우리 펀드 자금의 70%를 원유 관련 주식에 투자하고 나머지는 방위 업체에 투자해야 한다고 판단했다. (중략) 당시는 분산에 대해 몰랐다."[9]

몇 년 뒤 드러켄밀러가 한 콘퍼런스에서 발표를 마치자 청중 한 명이 다가와 말했다. "은행에서 일한다고 했죠? 은행에서 대체 무엇을 하겠다는 겁니까? 나와 대화만 나누어도 매달 1만 달러를 드리죠."[10]

드러켄밀러는 스물여덟 살이던 1981년 2월 은행을 나와 듀케인 캐피털 매니지먼트를 설립했다. 최초 운용 자산 100만 달러로 출발한 그는 1981년 소형주의 상승세에 올라탔다. 그해 설립 이후 첫 5개월 동안 러셀2000 지수는 14.92% 상승했다. 같은 기간 S&P500 지수는 0.23% 하락했다. 가파른 상승세를 경험한 후 그는 약세장으로 전망을 전환했지만 포트폴리오의 절반이 현금이었는데도 3분기에 12% 손실을 기록했다. 이를 계기로 전략을 변경했다. 그는 진화하고 있었다. 그는 승자의 게임을 하고 있었다. 그 이야기는 우연히 접한 투자 관련 이야기 가운데 특히 흥미롭다. 1987년 상반기에 주가가 급등하는 동안 그는 강세론을 고수했다. 다우지수는 그해 첫 넉 달 동안 총 서른세 차례 신고점을 경신했다. 8월 고점 기준으로 연초 대비 45% 상승했고 이러한 급등 이후 그해 여름, 그는 약세론으로 돌아섰다. 아니나 다를까 시장이 8월 고점 대비 17% 하락하자 순공매도 포지션을 취하고 있던 그는 2,200포인트를 지지선으로 보고 10월 16일 130% 순매수 포지션으로 전환했다.[11] 그러나 '검은 월요일'을 아는 우리는 2,200이 지지선이 아니었다는 사실도 이미 알고 있다.

다우지수는 금요일에 2,246포인트, 월요일에 1,738포인트로 장을 마감했다*. 미국 증시에서 지금까지도 유례가 없는 전일 대

---

*   1987년 10월 16일 종가 2246.73, 1987년 10월 19일(월) 종가 1738.74.

비 22.6% 하락이었다. 개장과 동시에 폭락한 주가는 이후 일시적으로 반등했고 드러켄밀러는 가지고 있는 주식 전부를 신속하게 매도해 점심시간 즈음에는 공매도 포지션으로 완전히 전환했다**. 그는 검은 월요일에 뒤이은 강력한 반등을 이틀간 지켜본 뒤*** 다시 공매도 포지션을 취했다. 목요일 아침 주가가 폭락하면서**** 그는 24시간이 채 지나기도 전에 25% 수익을 올렸다. 1987년 10월, 미국 증시 역사상 최악의 하루를 130% 순매수 포지션 상태로 맞았지만 그는 여전히 돈을 벌었다. 그는 다른 투자자와 차원이 다른 게임을 펼쳤다.

1987년 드러켄밀러는 자신의 듀케인 펀드를 계속해서 운용하는 조건으로 외부 운용사인 드레퓌스 펀드를 운용했다. 그의 뛰어난 능력을 높이 산 드레퓌스의 요청이었다. 드러켄밀러는 드레퓌스의 스트레티직 어그레시브 인베스팅 펀드를 운용했는데 설정일(1987년 3월) 이후부터 1988년 운용을 그만두기까지 업계 최고의 수익률을 기록했다. 그가 운용하는 드레퓌스의 펀드는 곧 7개로 늘었다.[12] 그리고 늘 꿈꿔왔던 대로 조지 소로스와 일할 기회가 오면서 드레퓌스 펀드를 떠났다.

혼자 힘으로 위업을 이루어나가던 드러켄밀러는 우상으로 여

** 1987년 10월 19일(월) 시가 2046.67, 최고 2164.16, 최저 1677.55, 종가 1738.74.
*** 1987년 10월 20일(화) 종가 1841.01, 1987년 10월 21일(수) 종가 2027.85.
****1987년 10월 22일(목) 시가 1868.20, 종가 1950.43.

스탠리 드러켄밀러

기던 투자가와 손을 잡으며 전설의 반열에 올랐다. 그는 1989년 소로스의 팀에 합류하자마자 일본 주식시장에서 공매도를 했다. 그는 이 거래를 "평생 경험한 것 중에서 위험 대비 보상이 거의 최고 수준이었던 거래"라고 회고했다.[13] 약 30년이 지난 지금 니케이 지수는 1989년 고점을 50% 하회하고 있으니 선견지명이 있는 판단이었다.

1992년 8월 드러켄밀러는 영국 파운드화 공매도를 염두에 두고 있었다. 당시 퀀텀 펀드의 운용 자산은 70억 달러였는데 드러켄밀러는 멘토인 소로스에게 영감을 받아 55억 달러어치 파운드화를 매도하고 그 돈을 전부 독일 마르크화에 투자할 것을 검토했다. 펀드 자산의 거의 전부를 단일 거래에 투자하는 것은 위험해 보였지만 계산 결과 성공할 수 있다고 확신했다. 소로스에게 아이디어를 설명하고 행동에 나서기로 했다. 계획을 말하자 소로스는 언짢은 표정을 지었다. 드러켄밀러가 계획을 다시 생각해보겠다고 하자마자 소로스는 놀랍게도 이렇게 말했다. "그렇게 터무니없는 자금 운용 기법은 들어본 적이 없네. 믿을 수 없을 만큼 일방적인 베팅이지 않나. 이 거래에는 우리 순자산의 100%가 아니라 200%를 걸어야 하네."[14]

드러켄밀러와 소로스는 펀드 자금 1달러당 2달러를 동원해 파운드화를 공매도했다. 영국중앙은행Bank of England은 270억 달러를 풀어 환율 방어에 나섰지만[15] 퀀텀 펀드와 다른 펀드의 투매를 견디지 못했다. 제방이 무너지며 파운드화가 폭락했고 드러켄밀러와 소로스는 10억 달러에 이르는 차익을 챙겼다.

드러켄밀러는 1989년 31.5% 수익을 올렸고 그 뒤 4년간 연 29.6%, 53.4%, 68.8%, 63.2% 수익률을 기록했다.[16] 막대한 자금을 운용하며 역사상 주목할 만한 투자 기록을 여럿 세웠지만 그의 손이 닿은 모든 것이 황금으로 변한 것은 아니었다.

매크로 투자자라면 누구나 완전히 틀린 판단을 경험한다. 1994년 드러켄밀러는 일본 엔화에 80억 달러를 베팅했다(엔화 강세에 베팅했다). 2년 전 파운드화 베팅에 맞먹는 금액이었다. 그러나 엔·달러 환율이 7% 오르면서(엔화 약세) 단 2일 만에 6억 5,000만 달러를 잃었다.[17] 폴 튜더 존스, 브루스 코브너, 루이 베이컨 역시 곤경에 처하는 등 매크로 트레이더는 만신창이가 되었다. 골드만삭스 역시 10년 만에 최악의 해를 보냈다.[18] 1994년 퀀텀 펀드의 수익률은 4%에 그쳤다. 그해 2% 상승한 다우와 1.5% 하락한 S&P500보다는 나았지만 그와 투자자에게 익숙한 과거 수익률에는 크게 못 미치는 수준이었다.

1998년 퀀텀 펀드는 러시아에서 20억 달러를 잃었다. 그러나 이것이 드러켄밀러의 경력 전체는 물론이고 한 해의 성적을 규정하는 것은 아니었다. 퀀텀 펀드는 1998년 12.4% 수익률을 기록했고[19] 그해 롱텀 캐피털 매니지먼트를 무너뜨린 재앙도 피했다.

그러나 불과 1년 뒤 드러켄밀러 역시 크게 흔들리고 말았다.

중앙은행의 행동이나 채권시장의 메시지를 오판했기 때문이 아니었다. 아마추어 투자자에게는 익숙한 일종의 자기 실책 때문이었다. 단순히 그물 안으로 공을 던져 넣지 못한 것이 아니었다. 그는 자기 골대에 공을 넣었다.

1999년 인터넷 주식이 고평가 상태라고 판단한 드러켄밀러는 주가 약세를 예상하고 2억 달러를 베팅했다. 그러나 그가 현실적인 가격으로 돌아올 것으로 기대하고 베팅한 주식은 단 몇 주 만에 값이 더 올랐다. 섣부른 베팅으로 퀀텀 펀드에 6억 달러 손실이 발생했고 그해 5월 기준 펀드는 18% 손실을 기록했다. 시장에서 벌어지는 일을 이해하지 못했던 그는 같은 달 젊은 트레이더 한 명을 채용했다. 그의 상사가 20년 전에 했던 방식 그대로였다. 드러켄밀러는 아이다호 선밸리에서 열린 연례 미디어 및 기술 콘퍼런스에 참석했다. 누구든 참석이 가능한 콘퍼런스였다. 콘퍼런스에서 돌아온 그는 새로 채용한 젊은 트레이더에게 더 많은 자금을 할당했다. 그리고 새로운 투자 패러다임에 열의를 보이는 트레이더 한 명을 추가로 채용했다. 드러켄밀러는 젊은 트레이더가 "나는 철자도 제대로 알지 못하는 방사능 관련 기업"에 투자했다고 말했다.[20] 퀀텀 펀드는 기수를 고쳐 잡고 35% 수익률로 그해를 마감했다.

20년간 유동성과 경제의 방향성 판단을 업으로 해온 투자가 드러켄밀러는 자신이 모르는 기술 관련 사업에는 투자하지 않았다. 익숙하지 않은 포지션이 불편했던 그는 재빨리 이익을 실현한 후 본업인 글로벌 매크로 투자로 돌아왔다. 그는 신생 통화인 유로화의 강세를 전망했지만 결과는 그의 생각과 반대였다. 게다가 자신이 매도한 기술주가 계속 급등해 새로 채용한 두 젊은 직원이 순식간에 엄청난 돈을 버는 것을 보자 속이 끓었다. 그의 자존심은 기술주 거품에 대한 공포를 압도했다. 젊은 트레이더에게 밀려나고 싶지 않았던 그는 이익을 기술주에 재투자했다.

기술주 거품이 붕괴되기 전 드러켄밀러는 〈월스트리트 저널〉 인터뷰에서 이렇게 말했다. "이 시장이 마음에 들지 않아요. 모두 너무 심각해지지 맙시다. 스타인하트처럼 떠나지는 말아야죠."* 그러나 그는 심각했고 시장을 극도로 낙관해 대규모 투자를 단행했다. 그는 베리사인을 주당 50달러에 매수했고 주당 240달러에 추가로 매수하며 총 베팅액을 6억 달러로 두 배 늘렸다. 기술 업종이 휘청거리기 시작하면서 베리사인은 주당 135달러로 하락했다. 소로스는 퀀텀 펀드 내 베리사인의 비중 축소를 원했지만 드러켄밀러는 끝까지 밀고 나가야 한다고 주장했다. 그는 베리사인의 주가가 안정될 것으로 기대했고 거품과 거리가 멀다고 확신했다.[21]

나스닥 지수는 3월 10일 고점을 기록하고 불과 25일 후인 4월

---

* 마이클 스타인하트는 1994년 유럽 채권 투자로 큰 손실을 기록한 뒤 1995년 미국 주식시장에서 손실을 만회했지만 지칠 대로 지친 나머지 같은 해 10월 은퇴를 선언했다.

14일까지 35% 급락했다. 베리사인도 휘청거리는 다른 기술주와 다르지 않았다. 거품이 터지자 베리사인의 주가는 고점의 1.5% 수준으로 하락했다. "마이클 조던처럼 정상에서 물러났어야 했습니다." 드러켄밀러는 그해 4월 말 기자 회견에서 이렇게 말했다. "제 역량을 과신했습니다."[22] 퀀텀 펀드는 그해 21% 손실을 기록했고, 1998년 최대 220억 달러를 기록했던 소로스 펀드 매니지먼트의 자산은 76억 달러 감소했다.

극히 인상적인 장기 투자 기록을 보유했지만 드러켄밀러는 여전히 겸손하고 유쾌하다. 2017년 아이라 손 콘퍼런스에서 그는 이렇게 말했다. "지난해 저는 주식을 정리하고 금을 사야 한다고 생각했습니다. 그래서 오늘 발표가 아닌 진행을 맡고 있지요."[23]

형편없는 투자와 자기 실책 사이에는 중요한 차이가 있다. 자신의 논리가 잘못된 것도, 그리고 자신의 생각이 이미 가격에 반영된 것도 모두 게임의 일부다. 그러나 우리는 종종 충동적으로 행동하고 심지어 '알면서도' 실수를 저지를 것이다. 자기 실책에서 완전히 자유로운 투자자는 드물다. 자기 자신도 통제하지 못하면서 다른 투자자가 돈 버는 것에 신경을 쓸 때 우리는 자기 실책을 범한다.

누군가가 (나보다) 더 빨리 돈을 벌어서 신경이 쓰인다면 그것은 7대 죄악 가운데 하나를 범하는 것입니다. 질투는 진정으로 어리석은 죄악입니다.

(다른 죄악은 재미라도 있지만) 질투는 재미도 느낄 수 없는 유일한 죄악이기 때문이죠. 고통은 크고 재미는 없습니다. 어째서 그러한 전차에 올라타려고 하죠?[24]

드러켄밀러는 그 전차에 올라탔다. 그는 시건방진 햇병아리 펀드매니저가 엄청난 수익을 달성하며 퀀텀 펀드의 신경을 긁는 것이 못마땅했다. 기술주 투자 비중을 크게 늘린 펀드는 그해 50% 수익률을 달성했지만 퀀텀 펀드의 수익률은 한 자리 숫자에 머물렀다.

드러켄밀러는 자신이 무엇을 하고 있는지 정확히 알았다. 다만 자신을 멈추지 못했을 뿐이다. "60억 달러 상당의 기술주를 매수했고 그 거래 하나로 6주 뒤 30억 달러를 잃었습니다. 무엇을 배웠냐고 물으셨죠? 배운 것은 전혀 없습니다. 그렇게 하면 안 된다는 것은 이미 알고 있었으니까요. 단지 감정적으로 마비되어 스스로도 어쩌지 못했습니다. 다시는 그러지 말아야 한다는 것은 배웠을지 모르지만 그건 이미 알고 있었어요."[25]

우리 모두 한두 번쯤은 이런 일을 경험해야 하는지도 모른다. 어떤 것은 가르친다고 배울 수 있는 것이 아니다. 어렵게 배워야만 하는 것이 있는가 하면 비싼 대가를 치르고도 아무것도 배우지 못하는 경우도 있다.

세쿼이아
Sequoia

공들인 결론은 바꾸기 어렵다

생애 최고의 아이디어 여섯 가지가
나머지 아이디어 전체를 능가한다.

– 빌 루안*

---

* 세쿼이아 펀드 설립자.

"현명한 사람은 내일을 위해 오늘 인내하고, 달걀을 한 바구니에 담는 모험을 하지 않는다." 세월이 흘러도 변하지 않을 이 지혜는 400년도 더 전에 출판된 미겔 드 세르반테스의 《돈키호테 Don Quixote》에 등장하는 말이다. 분산은 현명한 위험 관리법이자 확실하고 오랜 상식이다. 100개 종목이 담긴 바구니는 10개 종목이 담긴 바구니보다 기업 고유 위험에 대한 노출을 줄여준다. 100개 종목을 동일 비중으로 보유할 경우 다른 모든 조건이 같다면 한 종목의 평가액이 0이 되어도 전체 손실은 1%에 그친다. 10개 종목을 같은 비중으로 보유할 때 한 종목의 평가액이 0이 되면 손실은 10%에 달한다.

다양한 미국 주식에 분산 투자한 포트폴리오는 역사적으로 연 8% 수익을 올리는 것이 가능했다. 이 수익률이라면 원금을 두 배로 불리기까지 9년이 소요된다. 큰 자본으로 출발한다면 물론 나쁘지 않은 수익률이지만 누구도 연 8% 수익률을 기대하고 40세에 은퇴하지는 않을 것이다. 이 수익률이라면 1,000달러를 100만 달러로 불리는 데 91년이 걸린다. 금융에서 분산은 극히 기본적인 원칙 가운데 하나고 현대 포트폴리오 이론 modern portfolio theory의 핵심 개념이다. 하지만 어째서 스무 번째로 좋은 아이디어에 가장 좋은 아이디어에 투자한 것과 같은 금액을 투자해야 하는가?

금융계에는 "부자가 되려면 집중하고, 부자로 남으려면 분산 투자하라"라는 오래된 격언이 있다. 슈퍼 컴파운더*를 찾아 꼭 붙들면 주식시장에서 엄청난 부를 쌓을 수 있다. 워런 버핏이 버크셔 해서웨이 주식을 사들이기 시작한 1962년 당시 버크셔의 시가총액은 약 2,200만 달러였다.[1] 버크셔는 1년에 50% 이상 상승한 것이 열 차례고, 53년간 복리로 연 21% 수익률을 기록해 2019년 4월 현재 시가총액은 4,940억 달러에 달한다. 버핏이 상위 100개 아이디어에 골고루 분산 투자해 세계 최고 부자 반열에 오른 것은 아니다.

인생을 바꿀 만한 주식은 매일 수백만 명의 투자자에게 시장 참여 동기를 부여한다. '부자가 되는 데 집중하기'는 분명 맞는 말이지만 현명한 조언은 아니다. 막대한 수익률을 기록하는 종목은 늘 지나고 나면 보인다. 미리 발굴해 보유하는 것은 시속 170km로 날아오는 공을 치는 것보다 어렵다. 단 하나의 슈퍼 컴파운더에 집중하면 전설이 되지만 하락 종목에 집중하면 파산할 수 있다.[2] 이것을 감안하면 분산 투자는 영리한 대안이다.

평범한 투자자는 대개 포트폴리오 자산을 집중하지 않는다. 월급쟁이 중에 집중 투자한 포트폴리오를 조사·분석하고 추적 관찰하는 데 쏟을 시간이 충분한 투자자는 많지 않다. 시간이 충

---

* "'컴파운더'는 사업에 경쟁 우위가 있고 투자 자본 수익률이 뛰어난 기업. 현금 수입을 사업에 재투자해 기업의 가치가 갈수록 성장하고 투자자는 장기 투자로 복리 효과를 누릴 수 있는 기업을 가리킨다." 크리스토퍼 벡.

분하고, 대규모 포지션을 보유할 만한 전제 조건을 충족했다 하더라도 다양한 위험을 인지해야 한다. 먼저, 무엇보다 중요하게 인지해야 하는 것은 자신이 완전히 틀릴 수도 있다는 사실이다. 그러나 잘못될 여지에 대해 말하자면 이것은 빙산의 일각일 뿐이다.

기업을 조사·분석하는 데 수십, 수백 시간을 들일 경우 실제로 매몰 비용sunk cost이 발생하며 이 비용은 꽤 클 가능성이 있다. 많은 시간을 들여 얻은 결론일수록 바꾸기는 더욱 어렵다. 주식을 빠르게 사고파는 일은 트레이더에게 일상일 뿐이다. 매수한 종목이 시원찮을 경우 포트폴리오에서 제거하면 그만이다. 그러나 가치투자자는 자신이 가진 가장 좋은 아이디어를 활용해 매수한 종목이 신통치 않을 때, 무엇인가 놓친 것이 있다고 결론을 내리기보다 포지션을 더욱 확대할 가능성이 크다. 문제의 주식이 100달러일 때 마음에 들었다면, 90달러로 떨어졌을 때 추가로 매수하고 더 떨어져 80달러가 되면 신이 준 기회라며 감사한다. 하지만 70달러, 60달러, 50달러가 되면 어떻게 할 것인가? 단순한 가정이 아니라 실제로 예상해야 하는 일이다. 수많은 우량주가 시장에서 죽어나가며 상당수가 부활하지 못한다. 우리는 일이 벌어지고 난 후에야 상승할 종목과 하락할 종목을 구별해낸다.

과거 커다란 성공을 거둔 어느 뮤추얼 펀드의 사례는 집중 투자의 위험성을 가르쳐준다. 상승할 종목과 하락할 종목을 구별하는 능력이 있었고, 최고의 아이디어에 모든 것을 걸었으며, 수십 년간 시장을 이겼던 세쿼이아 펀드다.

세쿼이아 펀드는 '루안, 커니프 & 골드파브*'가 1970년부터 운용한 펀드다. 이 펀드는 방대한 조사·분석을 토대로 장기 전략을 세우고 S&P500 지수 대비 초과수익을 추구한다. 〈워싱턴 포스트〉는 "세쿼이아의 애널리스트가 10년 동안 기업을 조사하고 연차 주주 총회에 참석하며 수십 명의 직원, 매니저, 고객, 납품 업체와 이야기를 나누는 것은 이례적인 일이 아니다"라고 설명했다.[3] 주식을 보유하지도 않은 기업을 10년이나 조사·분석한다는 것이 상상 가능한가? 만일 지켜보는 동안 주가가 500% 오르면 어떻게 할 것인가? 조금 더 일찍 매수하지 않은 것을 후회하지 않을까? 게다가 무려 10년 동안 공부한 종목을 매수하지 않기로 결정하는 것은 어떻게 가능할까?

세쿼이아 펀드는 단기적인 이익 실현이나 1% 수준의 포지션에는 관심이 없다. 이 펀드는 투자한 주식을 오랜 기간 보유하며 지수 대비 상당한 초과수익을 기대한다. 이러한 접근법이 장기적으로 성공을 거두려면 철저한 실사가 반드시 필요하다. 자동차 부품 유통 업체인 오릴리 오토모티브가 성공적인 사례다. 2004년 세쿼이아가 매수할 당시 오릴리의 가치는 주당 19.84달

---

* 윌리엄 J. 루안, 리처드 T. 커니프가 1969년 뉴욕에 설립한 투자회사.

러였다. 2017년 40% 가까운 MDD를 경험한 뒤에도 그해 말 오릴리 오토모티브의 주가는 240달러 수준을 유지했다. 그러나 이처럼 큰 성공을 거두려면 많은 계획이 필요하다.

세쿼이아 펀드 이사 존 B. 해리스는 100여 개 매장을 방문하는 등 오릴리에 대한 방대한 조사를 실시했다.[4] 오릴리는 대다수 투자자가 놓친 '텐배거*'였고 덕분에 펀드와 투자자는 최근의 MDD에도 눈물을 흘리지 않았다. 그러나 세쿼이아 펀드의 집중적인 조사·분석 결과가 늘 좋지만은 않았다. 세쿼이아 펀드는 집중 투자 역사상 특히 잔인했던 재앙의 맨 앞에 놓여 있었다.

세쿼이아 펀드를 운용하는 루안, 커니프 & 골드파브는 홈페이지에 자사의 전략을 다음과 같이 기술하고 있다.

세쿼이아 펀드는 가치투자를 지향합니다. 상당하고 지속 가능한 경쟁 우위를 확보한 우량 기업의 주식을 우리가 추정한 내재가치 이하에 매수해 장기적으로 초과수익을 달성하고자 합니다.[5]

버핏이 썼을 법한 글처럼 보인다면 우연이 아니다. 세쿼이아의 '이야기'는 버핏 없이는 쓰일 수 없었다. 1990년부터 2010년까지 세쿼이아가 보유한 주식 가운데 가장 큰 비중을 차지한 것이

---

* 10루타를 뜻하는 야구 용어로 10배 수익을 낸 종목을 가리킨다.

버크셔였다. 그뿐만 아니라 애초 세쿼이아가 존재한 것은 버핏 덕분이었다.

1969년 버핏은 자신이 설립한 투자조합의 문을 닫기로 결정했다. 그는 가치 대비 가격 측면에서 시장이 너무 상승했고 따라서 안전마진이 확보된 투자 기회가 충분하지 않다고 판단했다. 그러나 자신의 고객이 난류를 홀로 항해하도록 내버려 둘 수는 없었다. 상어가 그들을 덮쳐 물 밑으로 끌고 내려갈 수 있다는 것을 알았기 때문이다. 그는 고객의 자금을 관리할 펀드매니저로 루안을 직접 추천했다. 〈그레이엄-도드 마을의 위대한 투자자들The Superinvestors of Graham-and-Doddsville〉에서 버핏은 이렇게 밝혔다.

> 버핏 투자조합을 접으면서 빌에게 펀드를 설립해 우리 투자자 모두를 맡아줄 수 있는지 물었고 그는 세쿼이아 펀드를 설정했다. 내가 조합을 청산하던 끔찍한 시기였다. 기존 가치투자자는 당시 장세를 주도하고 있던 성장주와 비교하며 펀드의 성과를 상대 평가했는데, 그는 이러한 악조건에서도 이분된 시장two-tier market**을 잘 헤쳐 나갔다.[6]

버핏의 예상대로 주식시장은 그 후 몇 년 동안 약세장이었

** 1960년대 미국 주식시장의 기관투자가가 성장주를 집중적으로 매수하면서 성장주와 그 외 종목 사이에 괴리가 발생했다. '이분된 시장'은 이처럼 기관의 영향력이 커지면서 기관 매수 종목이 전체 장세를 주도하고 나머지 종목은 저가에 머물렀던 양극화 상황을 가리킨다.

고 가치주는 더욱 부진했다. 세쿼이아 펀드는 첫 3년 동안 해마다 S&P500을 하회하는 수익률을 기록하며 힘겹게 출발했다. 1970년 중반 펀드 설정 이후부터 1973년 말까지, 세쿼이아 펀드에 맡긴 1달러는 0.85달러로 줄어들었다. 상황이 너무 좋지 않은 나머지 루안과 커니프는 1974년 펀드를 거의 청산할 지경에 이르렀지만 그렇게 하지 않았다.[7] 버핏의 충성스러운 사도들이 믿어준 덕분에 그들은 끈기 있게 버텼다.

펀드에 끝까지 남았던 초기 투자자는 후한 보상을 받았다. 세쿼이아 펀드는 47년 동안 S&P500 대비 연 2.6%p 초과수익률을 기록해왔다.[8] 1970년 7월에 투자한 1만 달러는 2017년 약 400만 달러로 불어났다. 같은 기간 S&P500 지수에 투자해 보유한 사람과 비교하면 3배 많은 수준이다.[9]

1999년 세쿼이아 펀드는 16.5% 손실을 기록했다. 반면 S&P500은 21% 상승했고 기술주 중심의 나스닥 종합지수는 무려 86% 상승했다. 당시 세쿼이아 펀드는 단 12개 종목에 집중 투자한 포트폴리오를 운용했고 그 가운데 버크셔 해서웨이의 비중이 37%에 달했다. 조류가 바뀌고 가치투자가 다시 유행하면서 세쿼이아 펀드에 잔류한 투자자는 명예를 회복했다. 2000~2002년 세쿼이아 펀드는 29% 수익률을 기록했다. 같은 기간 S&P500은 38%(총 수익률 기준) 하락했다.[10] 세쿼이아 펀드는 힘든 시기를 보낸 뒤 회복했지만, 가장 최근에 있었던 주요 사건 이후 재기할 수 있을지는 조금 더 두고 볼 일이다. 성장주가 주도하는 장세에서 가치투자자가 시장수익률을 따라잡지 못하는 것은 당연하지만 세쿼이아 펀드의 최근 부진은 현재 시장 환경과 무관하다. 이번 사건은 자초한 것이었다.

세쿼이아 펀드는 2010년 연간 보고서에서 그들이 진화하고 있으며 더 이상 극소수 종목에 투자를 집중하지 않는다고 밝혔다. "세쿼이아에서 일어나고 있는 점진적인 변화 가운데 하나는 보유 종목 수가 증가하고 있다는 것입니다. 2010년 말 현재 펀드가 보유한 종목은 34개로 아마도 역대에 보지 못한 수준일 것입니다."[11] 하지만 나이 든 투자가에게 새로운 기법을 가르치는 것은 불가능한 법이다. 세쿼이아 펀드는 얼마 지나지 않아 과거의 집중 투자 방식으로 돌아가야 했다.

역설적이게도 세쿼이아는 같은 연간 보고서에서 앞으로 이례적으로 큰 포지션을 취하게 될 종목 하나를 소개했다. 바로 밸리언트 파마슈티컬즈였다. 2010년 4월 28일 세쿼이아 펀드가 주당 16달러에 매수를 시작한 밸리언트의 주가는 그해 70% 상승했고, 얼마 지나지 않아 펀드가 보유한 종목 가운데 두 번째로 큰 비중을 차지하게 되었다. 2011년 첫 3개월 동안 밸리언트의 주가는 추가로 76% 상승했고, 20년 만에 버크셔 해서웨이를 제치고 보유 종목 가운데 최대 비중이 되었다. 그해 밸리언트라는 순풍을 등에 업은 세쿼이아 펀드는 2003년 이후 처음으로

S&P500 대비 두 자릿수 초과수익률을 기록했다.[12]

펀드의 성과가 좋았고 투자자의 수요도 강력해서 세쿼이아 펀드의 운용 자산은 밸리언트를 처음 매수했을 때보다 세 배 늘었다. 펀드는 책임감 있는 소수의 자산운용사만 하는 일을 하기로 했다. 더 이상 신규 투자자를 받지 않기로 한 것이다(1982~2008년에도 신규 투자자를 받지 않았다).[13]

세쿼이아 펀드는 버핏의 후광을 업고 밸리언트의 CEO 마이크 피어슨과 손을 잡기로 했다. 펀드는 피어슨을 이렇게 평가했다. "특별하게 유능할 뿐 아니라 주주 친화적이다. (중략) 우리는 그가 기업을 운영하기에 더할 나위 없이 꼭 맞는 인물, 말하자면 제약 업계의 가치투자가라고 생각한다."[14]

세쿼이아 펀드는 밸리언트를 이렇게 설명했다. "연구 개발에 많은 돈을 쓰지 않는 제약회사다. (중략) 대신 영업 인력에 크게 투자한다."[15] 밸리언트는 연구 개발에 많은 돈을 들이지 않았다. 신약 개발에 의존하는 대신 기존 회사를 사들인 후 약품 가격을 올리는 것이 밸리언트의 사업 모델이었기 때문이다. 한 예로, 2013년 밸리언트는 해독제인 칼슘 디소듐 베르세네이트를 제조하는 메디시스를 인수했다. 밸리언트는 원래 950달러이던 해독제 가격을 2만 7,000달러로 끌어올렸다.[16] 마이크 피어슨은 확실히 주주에게 초점을 맞춘 경영을 했지만 그와 버핏이 닮은 점은 거기까지였다. 버핏은 이렇게 말했다. "펀드매니저를 구한다면 똑똑하고 정력적이면서 도덕적인 사람을 찾아야 합니다. 도덕적이지 않다면 앞의 두 가지 요소는 있으나 마나입니다."[17]

2015년 9월, 대선 후보 힐러리 클린턴은 트위터에 다음과 같은 글을 올렸다. "특수 의약품 시장에서 벌어지는 가격 부풀리기는 너무나 충격적이다. 내일 이 문제를 처리할 계획을 마련하겠다." 그날과 뒤이은 5거래일 동안 밸리언트 주가는 31% 하락했다. 밸리언트는 많은 사람들이 비윤리적이라고 비난한 사업 행태로 처벌을 받았지만 약값을 올리는 것은 헬스 케어 업계에서 드문 일이라고 할 수 없다. 이 기업을 높은 횃대에서 떨어뜨린 것은 바로 사기 혐의였다.

2015년 10월 21일, 시트론 리서치는 밸리언트의 회계 부정을 고발하고 엔론 사건과 비교하는 보고서를 발간했다.[18] 같은 날 밸리언트 주가는 장중 40% 가까이 폭락했다가 일부 낙폭을 되돌려 '19%만' 하락하는 선에서 장을 마감했다. 막대한 포지션을 보유한 세쿼이아 펀드는 그달 S&P500 수익률을 17.47% 하회했다 (S&P500은 8.44% 상승했고 세쿼이아 펀드는 9.03% 손실을 기록했다).

밸리언트 주가가 고점 대비 50% 하락하고 분식 회계 의혹이 월가에 확산되면서 세쿼이아 펀드는 주주에게 편지를 썼다. "우리는 최고 경영자 마이클 피어슨이 광범위한 처방약 포트폴리오를 확보하는 데 뛰어난 능력을 발휘해왔다고 생각합니다."[19] 피어슨에 대해 세쿼이아 펀드는 이렇게 말했다. "그는 매 순간 공격적이었고 그만큼 공격적인 비판을 불러일으켰습니다."

세쿼이아 펀드의 이 언급은 단순히 펀드 투자자를 달래기 위한 것이 아니었다. 그들은 실제로 그렇게 믿었다. 그래서 보유한 주식의 주가가 폭락할 때 가치투자자가 하는 방식대로 추가 매수에 나섰다. 이 매수로 세쿼이아 펀드는 밸리언트의 단독 최대 주주로 올라섰고 밸리언트는 펀드 자산의 32% 비중을 차지하게 되었다.

루안, 커니프 & 골드파브의 최고 경영자 데이비드 포퍼는 버핏의 오래된 격언을 언급하며 "남들이 두려워할 때 욕심을 내라"라고 강조했다. 그는 또한 자신의 선택을 변호하기 위해 버크셔 해서웨이를 활용했다. 1990년대 후반 버크셔 주가가 반 토막이 났을 때 펀드 내 버크셔 비중이 35%에 달했다고 언급한 것이다. 실제로 버크셔는 주가를 회복했고 이것은 세쿼이아 펀드 역사상 특히 성공적인 투자였다.[20] 버크셔에 대한 언급은 밸리언트 주식 150만 주를 추가로 매수하는 그의 마음을 조금 더 편하게 해주었을지는 몰라도 투자자를 달래지는 못했다.

피어슨은 버핏이 아니고, 밸리언트도 버크셔가 아니다. 〈워싱턴 포스트〉의 토머스 히스는 다음과 같이 지적했다. "세쿼이아 펀드는 대규모 차입금을 이용해 다른 제약회사를 사들이고, 비용과 연구를 줄인 채 오래된 많은 의약품 가격을 천문학적 수준으로 올리는 해외(캐나다) 제약회사와 결합했다."[21]

피어슨과 밸리언트를 옹호하고 8개월이 지난 뒤 세쿼이아 펀드는 보유한 밸리언트 주식을 모두 처분했다. 밸리언트 주가는 단 몇 개월 만에 90% 하락했고 세쿼이아 펀드의 자산도 반 토막이 났다.[22] 1970년 세쿼이아 펀드와 함께 출발한 '인내심 있는 투자자'는 이미 '성과를 기대하는 투자자'로 대체된 지 오래였다. S&P500이 4% 상승한 12개월 동안 26.7% 손실이 발생했고 이것은 투자자가 인내하기에 너무 큰 규모였다. 2013년 세쿼이아 펀드는 새로운 투자자가 빠져나가는 것을 막기 위해 펀드를 폐쇄했다. 90억 달러가 넘었던 세쿼이아 펀드의 자산은 몇 개월 만에 50억 달러가 채 안 되는 규모로 줄어들었다. 단 한 종목이 사상 최고의 성공적인 펀드 중 하나를 완전히 무너뜨렸다. 똑같은 상황에 놓이지 않으려면 신중하게 생각해야 한다.

주식시장에서 큰돈을 벌고 싶다면 두 가지 선택지가 있다. 첫째, 다양한 종목을 매수한다. 지수 펀드도 그중 하나다. 그다음 장기간 보유한다(그럼에도 큰 수익을 보장할 수는 없다). 둘째, 소수 종목을 매수하고 자신의 선택이 옳기를 기대한다. 세쿼이아 펀드는 오랫동안 옳았고 나중에는 크게 틀렸다. 밸리언트로 크게 실패했지만 그들의 장기간 성과는 경이적인 것이었다. 소수 종목에 투자를 집중하려면 전체 시장과 비교해 크게 차이가 나는 결과도 감당할 수 있어야 한다. 마이크로소프트와 애플의 장기 주가 추이를 들여다보면 경탄하게 되는데, 그때 밸리언트와 엔론을 떠올릴 필요가 있다.

제2의 밸리언트와 손잡게 되는 불상사를 예방할 수 있는 몇 가지 방법이 있다. 차기 아이폰 탑재를 기대하며 반도체 제조 업체를 매수할 경우, 그 생각을 기록해둔다. 기대가 결실을 맺지 못하게 될 때 자신이 소유한 것에 더욱 큰 가치를 부여하는 소유 효과와 싸우기 위해서다. 매수할 때 그 이유를 기록해두면 소유 효과를 약화할 수 있다. 미래에 특정 포지션에 묶이는 것을 예방하는 또 다른 방법은 출구 전략을 기록해두는 것이다. 예를 들어 XYZ라는 주식을 100달러에 매수해 내 포트폴리오의 10% 비중으로 보유한다고 하자. 나는 이 주식을 매수하며 전체 포트폴리오 자산의 5% 손실을 감수할 의사가 있다. 이를 기준으로 손절 가격을 결정하는 것이다. 다른 모든 조건이 동일하다면 이 경우에 XYZ의 주가가 50달러 미만으로 하락할 때 빠져나온다고 설정하면 된다.

분산 투자는 느리고 지루하다. 집중 투자는 재미있고 흥분된다. 찾는 것이 재미와 흥분이라면 주식시장은 굉장히 돈이 많이 드는 곳이다.

12

존 메이너드 케인스
John Maynard Keynes

거시 경제를 예측하는 것은
부질없는 짓이다

'행동' 과학이 아닌 경제학도 있습니까?
경제가 행동이 아니라면 대체 무엇이란 말입니까?

− 찰리 멍거

2017년 현재 아이 한 명을 키우는 데 드는 비용은 23만 3,610달러다.[1] 이는 지난 15년 동안 41%, 연 2.3% 증가한 수준이다.[2]

휘발유에서 음식, 교육, 자녀 양육에 이르기까지 물가는 시간이 지날수록 대개 상승한다. 수백만 명의 미국 투자자는 물가 상승률 이상의 수익률을 기대한다. 그러나 4,000번을 다시 태어나 쓰고도 남을 만큼 돈이 많은 상위 0.1% 부자는 어떨까? 그들은 무엇 때문에 계속 투자를 하는 것일까? 미래 세대를 위해 투자하는 부자를 말하는 것이 아니다. S&P500 대비 초과수익을 내는 데 60~70대 인생 대부분의 시간을 보내는 억만장자를 이야기하는 것이다.

60세에 10억 달러를 가졌다면 90세 생일까지 매일 9만 달러 이상을 쓸 수 있다. 미래 이익을 위해 현재 소비를 연기하는 것이 투자의 목적이라면, 이미 시장을 이긴 이러한 투자자가 여전히 시장을 이기기 위해 많은 시간을 소비하는 데는 또 다른 이유가 있을 것이다. 일부 억만장자가 시장에 남아 있는 것, 이들이 무엇인가에 이끌려 산에 오르는 것은 시장의 조각이 모여 이루어진 산이 바로 지적 도전의 에베레스트이기 때문이다. 1987년 다큐멘터리 '트레이더Trader'에서 폴 튜더 존스는 이렇게 말했다.

대학교 4학년 2학기 때 그는 백개먼(서양식 윷놀이), 체스 같은 게임을 좋아한다고 말했다. 나는 그러한 그에게 가장 흥미롭고 도전적인 게임을

알려주겠다고 말했다.[3]

존스는 이어 '일단 수익률이 일정 수준에 이르면 멈추고 물러났다'고 덧붙였다. 그 수익률이 얼마인지는 구체적으로 밝히지 않았지만, 30년이 지난 지금 그는 오랜 억만장자이며 여전히 자신의 펀드를 운용하고 있다.

매일 매 순간 시장은 탐정을 지망하는 사람을 위해 작은 정보 조각을 단서로 던져놓는다. 이 게임은 결코 끝이 없기 때문에 지구상에서 가장 중독성 강한 게임이다. 정보의 조각은 늘 이리저리 얽혀 있고, 답을 알아냈다 싶으면 새로운 규칙이 적용된다. 오늘 금리는 어떻고 내일은 어떻게 될까? 지난 12개월간 경제 상황은 어떠했고 다음 12개월은 어떠할까? 시장의 반응은 어떤가? 주식 외에 통화와 원자재, 부동산, 채권은 어떤가? 이것은 거시 경제의 게임이고 창출한 것보다 훨씬 많은 부를 파괴한 게임이다.

심지어 내일 소식을 오늘 안다 해도 시장이 지금 어떻게 반응할지는 알 수 없다. 시장을 지배하는 것은 물리학의 법칙이 아니기 때문이다. 시장에 아인슈타인의 $E = MC^2$ 같은 법칙은 없다. 8면체 공을 떨어뜨려 어떤 방향으로 튈지를 예측하는 것은 불가능하다. 금융도 마찬가지다. 세로토닌과 아드레날린에 각기 다른 시간대를 더하고 이것을 수백만 참가자로 곱한 결과는 그야말로

"아무도 모른다".

애플의 이익이 앞으로 10년 동안 연 8%씩 성장할 것을 확실히 안다고 가정하자. 그렇다고 해서 애플 주식을 매수할 확신이 드는가? 아니라면 그 이유는 바로 이것이다. 전체 시장의 이익성장률과 투자자가 기대하는 애플의 이익성장률이 다르기 때문이다. 장기 수익률을 좌우하는 가장 중요한 요인인 '이익 예측 능력'이 있다 하더라도 그것만으로는 성공을 보장하기 어렵다. 전 세계의 모든 박사가 매달려도 모델을 만드는 것이 불가능한 요소인 '투자자의 기분과 기대'라는 정보가 결여되었기 때문이다. 완벽한 정보를 가지기는 어렵다. 완전한 정보와 인지 편향*은 수백만 투자자를 형편없이 무너뜨렸다.

운동 경기나 경마에 베팅할 때, 누가 이길지는 알 수 없지만 적어도 배당률은 안다. 2018년 미국 프로 농구 파이널(NBA 챔피언 결정전)에서 골든 스테이트 워리어스가 우승할 것으로 예상하는 사람은 한 명이 아니다. 워리어스는 챔피언 결정전의 유력한 우승 후보고 시장, 즉 배당률에는 현재의 낙관이 반영된다. 워리어스가 2018년 파이널에서 우승한다는 데 100달러를 베팅하고 그 예측이 적중하면 60.61달러의 배당금을 받게 된다. 반면 우승과 거리가 멀어 보이는 뉴욕 닉스에 100달러를 베팅하고 그 예측이

---

* 잘못된 판단으로 이끄는 비논리적 추론을 일컫는다.

적중하면 무려 5만 달러가 배당된다.[4] 유명한 경마 예측 전문가 스티븐 크리스트는 이 개념을 완벽하게 설명한다. "승산이 아주 높은 말은 좋은 베팅이 될 수 있지만 나쁜 베팅이 될 수도 있습니다. 그 차이를 결정하는 것은 단 한 가지, 배당률입니다."[5]

경주마나 워리어스에 베팅하는 것과 주식이나 원자재에 베팅하는 것은 분명히 유사하지만 한 가지 중요한 차이가 있다. 투자에서 수익률을 결정하는 것은 투자자의 기대 수준이고 이것은 인터넷 어디에도 게시되지 않는다는 사실이다. 투자자의 기대는 조증과 비슷한 흥분 상태, 그리고 우울증과 비슷한 침체 상태의 지배를 받는다. 세상 모든 정보를 손에 넣더라도 결국 가격을 결정하는 것은 인간이고, 그 결정이 완벽한 정보에 기초해 이루어지는 경우는 드물다.

시장이 해야만 하는 것과 실제로 행하는 것 사이의 간극을 존 메이너드 케인스보다 잘 이해했던 투자자는 거의 없다. 그는 이렇게 말했다.

전문가의 투자는 신문사가 주최하는 미인 대회** 투표에 비유할 수 있을 것이다. 투표에 참여한 사람은 신문에 실린 100장의 사진을 보고 최고 미인 여섯 명을 골라야 한다. (중략) 이때는 자신이 가장 예쁘다고 생각하

** 가장 높은 득표율을 얻은 여섯 명을 맞히는 독자에게 상금을 준다.

는 얼굴이 아니라 경쟁자가 선호할 만한 얼굴을 선택해야 한다. (중략) 우리는 평균적으로 예상하는 평균 의견이 무엇일지 예측하는 데 지적 능력을 집중하는 3차원 퍼즐 게임에 도달했다.[6]

케인스는 '평균적으로 예상하는 평균 의견이 무엇인지를 예측해 시장을 이기려는 것은 쓸데없는 게임'이라는 것을 깨달았다. 우리 역시 그러한 그에게 많은 것을 배울 수 있다.

케인스의 저서 《고용, 이자 및 화폐의 일반 이론The General Theory of Employment, Interest and Money》 12장은 금융계에서 특별하게 영향력 있는 글이다. 잭 보글은 이렇게 말했다. "투자의 지혜가 가미된 이 장은 내 1951년 졸업 논문에 중대한 영향을 미쳤다. (중략) 경제학자가 아닌 투자자 케인스는 내 투자 철학에 가장 중요한 영감을 준다."[7] 워런 버핏은 말했다. "《현명한 투자자》 8장과 20장, 《고용, 이자 및 화폐의 일반 이론》 12장을 이해한다면 다른 어느 것도 읽을 필요가 없고 TV를 꺼도 좋다."[8] 조지 소로스는 이렇게 썼다. "나는 일종의 신이거나 케인스 같은 경제 개혁가임을 자처한다."[9] 지성(智聖)인 피터 번스타인은 케인스가 "오늘날 이해하는 방식대로" 위험을 규정했다며 높이 평가했다.[10] 이렇듯 금융계의 여러 거물이 케인스를 추앙한 이유는 무엇일까?

케인스는 세계적으로 베스트셀러가 된 책을 여러 권 썼고, 기관의 자산 운용에 대변혁을 일으켰으며, 우리가 알고 있는 세계 통화 체계를 실질적으로 구축했다. 그는 제2차 세계대전 당시 영국의 전쟁 자금 조달 계획을 설계했으며 전후 세계 통화 체계를 구축한 브레튼 우즈 협정을 설계하는 데 커다란 영향력을 행사했다. 그가 세상을 떠났을 때 〈타임〉은 다음과 같은 부고 기사를 실었다. "비슷한 영향력을 발휘한 경제학자를 찾으려면 애덤 스미스까지 거슬러 올라가야 할 것이다."[11] 케인스는 시대를 크게 앞서갔다. 케인스의 독창적 저서 《고용, 이자 및 화폐의 일반 이론》을 읽은 존 케네스 갤브레이스는 다음과 같이 평가했다. "이름난 경제학자는 케인스를 좋아하지 않는다. 생각을 바꾸어야 한다는 것과 그럴 필요가 없다는 것 중에 하나를 택해야 할 경우, 거의 모두가 후자를 택한다."[12]

케인스는 케임브리지 킹스 칼리지에서 수학한 뒤 1906년 영국의 인도 행정부 국세청, 통계청, 통상부에서 공무원으로 일했고 몇 년 뒤 케임브리지대에서 강의했다.

제1차 세계대전 이후 세계 통화 체계는 누더기가 되었다. 케인스는 베르사유에서 열린 평화 회의에 재무부 대표로 참석했는데, 연합국이 원하는 피해 보상 수준에 격렬히 반대했다. 독일에 부과한 배상금이 지나치게 징벌적이어서 독일 경제는 물론 화폐까지 파괴하고 양쪽 모두 패자가 되고 말 것이라 확신했다. 그는 당시 총리였던 데이비드 로이드 조지에게 편지를 썼다. "토요일에 악몽의 현장에서 빠져나간다는 것을 알려드립니다. 이곳에서 저는 더 이상 도움이 되지 못합니다."[13]

사임 후인 1919년 케인스는 자신의 생각을 저서 《평화의 경제적 결과The Economic Consequences of the Peace》에 쏟아냈고 책은 순식간에 세계적인 베스트셀러가 되었다. 책에서 그는 다음과 같이 지적했다. "레닌은 분명히 옳았다. 사회의 기존 토대를 뒤엎는 데 통화를 타락시키는 것보다 더 교묘하고 더 확실한 수단은 없다." 그리고 이렇게 예언했다. "의도적으로 중유럽의 빈곤화를 노리는 것이라면, 감히 예언하건대 복수는 절뚝거리는 걸음으로 오지 않을 것이다."[14]

전쟁 전 고정 환율제에서 전쟁 후 변동 환율제로 전환하면서 통찰력이 탁월한 케인스에게 기회가 생겼다. 그는 전후 물가 상승으로 프랑스 프랑과 독일 라이히스마르크(1924~1948년 유통)의 가치가 하락할 것이라고 예상하고 이 두 통화와 다른 일부 국가 통화를 공매도했다. 단 몇 달 만에 3만 달러를 벌어들인 다음 그가 취한 조치는 타당했다. 1920년, 친구와 가족의 돈을 전문적으로 운용하기 위한 신디케이트*를 구성한 것이다. 이번에도 출발이 좋았고 1920년 4월 말 수익은 8만 달러에 달했다.[15] 그러나 단 4주 만에 낙관적 분위기가 유럽 대륙을 지배하면서 그가 공매도한 통화 가치가 빠르게 상승했고 신디케이트의 자본은 바닥을

---

* 다수의 투자자가 동일 대상에 동일 조건으로 투자하는 일종의 협동조합.

드러냈다. 통화에 투기한 포지션이 하나씩 자본 잠식되면서 신디케이트 폐쇄가 불가피했다.[16] 그때 케인스를 구제한 사람은 그의 아버지였다. 케인스는 실패에 굴하지 않고 일어나 투기적 거래를 계속했고 1922년 말에는 자본금 12만 달러를 마련했다. 현재 가치로 200만 달러에 해당하는 금액이다.[17]

이후 케인스는 통화 투기 당시와 마찬가지로 하향식 접근법을 적용하며 원자재 투기에 골몰했다. 변동성이 극심한 프랑, 라이히스마르크, 루피 대신 주석, 면, 밀로 눈을 돌린 것이다. 이 시도 역시 앞선 사례와 비슷한 방식으로 끝났다. 1929년 주식시장 대폭락과 함께 원자재시장이 초토화되면서 케인스는 순자산의 80%를 잃었다.

1924년 케인스는 킹스 칼리지의 회계 실장이 되어 학교의 재무를 관리했다. 그는 여전히 투자가로서 길을 찾고 있었고, 진화하기까지는 아직 몇 년이 더 걸릴 것이었다. 투자자라면 누구나 1920년대에 케인스가 느꼈을 감정에 공감할 것이다. 우리는 신문을 펴고 세상이 어떻게 돌아가는지 파악하는 하향식 접근법으로 관점을 형성한다. 그러나 금리가 어떻게 환율에 영향을 미치는지, 노동이 어떻게 가격에 영향을 미치는지, 그리고 이 모든 것이 어떻게 우리의 투자에 영향을 미치는지 알아내는 것은 조각이 끊임없이 움직이는 3차원 퍼즐을 맞추는 것만큼 복잡한 일이다.

케인스가 대학 기금 관리를 맡았을 때는 펀드의 투자 대상에 제약이 컸다. 당시 기관의 자산 운용은 부동산과 채권에 크게 집중했다. 반면 주식은 위험성이 크다고 여겨져 기관투자가 대부분이 멀리했다. 그러나 케인스는 학교를 설득해 펀드 자산 일부를 자유재량이 허용된 포트폴리오로 나누어 배치할 수 있었다. 그가 원하는 대로 운용할 수 있는 포트폴리오였다. 케임브리지대 엘로이 딤슨 교수는 기록을 토대로 1922~1946년 이 포트폴리오가 연 16% 수익률을 기록했다고 추정했다. 같은 기간 지수는 10.4% 상승했다(케인스의 투자 스타일은 수년에 걸쳐 진화했고 임기 전반기의 투자 방식은 최종적으로 대형 수익률 달성에 활용한 방식과 닮은 점이 전혀 없었다).[18]

펀드를 넘겨받은 케인스는 주식시장에 투자하기 위해 부동산을 매각했다. 자신이 통제할 수 있는 여지가 거의 없는 부동산에 투자하는 것보다 매일 가격이 공시되고 유동성이 풍부한 주식에 투자하는 것이 유리하다고 생각했다. 그러나 대폭락이 닥쳤을 때 그는 레버리지를 크게 늘린 상태였고, 자신에게 신용 사이클과 경기 확장 및 축소를 간파하는 능력이 있다고 믿었지만 실제로 그렇지 못했다. 펀드는 1930년 32% 손실을 기록했고 1931년 추가로 24% 손실이 발생했다.[19] 그는 상황을 잘못 해석했고 거시경제 여건을 보는 능력은 대폭락 이후에도 나아지지 않았다. "저금리 환경에서 전 세계 기업은 다시 일어설 수 있다. (중략) 원자재 가격은 회복할 것이고 농부의 상황도 개선될 것이다."[20]

케인스는 대부분의 경제학자가 평생 이룰 업적을 10년 만에 이룰 정도로 지적 능력이 뛰어났지만 시장의 단기 움직임을 파악하는 통찰력은 부족했다. 그가 원자재 거래를 '정확히' 어떤 방식으로 했는지 보여주는 기록은 찾기 어려웠다. 거래 회전율이 상당히 높았기 때문이다. 나를 비롯한 많은 투자가가 경험했듯 케인스 역시 통제가 가능하다는 환상에 시달렸다. 그는 빈번한 매매로 자신의 운명을 통제하고 성공을 거둘 수 있다고 믿었다. 그는 틀렸다. 그는 이 방식을 킹스 칼리지 기금 운용에 적용했고, 처음 몇 년 동안 시장수익률보다 낮은 수익률을 기록했다.

케인스 때문에 손실을 입은 것은 학교만이 아니었다. 그가 운용한 신디케이트는 대폭락 이후 청산되었다. "케인스는 거만한 태도와 지적 우월감으로 유명했지만, 전 재산을 두 번이나 날린 초라한 경험은 최선의 투자 방식에 대한 그의 생각을 바꾸었습니다."[21] 케인스는 단기 투기에서 장기 투자로 180도 선회했다. 심리의 힘에 사로잡힌 그에게 거시 경제와 통화–금리–주가의 관계는 완전히 부질없게 느껴졌다.

케인스는 현금흐름, 이익, 배당금을 검토하며 기업을 연구하기 시작했다. 그는 내재가치 미만에 거래되는 기업에 초점을 맞추었다. 거시에서 미시로, 하향식에서 상향식으로 접근법을 바꾸었고 덕분에 자기 자신과 킹스 칼리지, 보험회사 두 곳의 재산을 불릴 수 있었다. 그는 자아를 접고 더 이상 금리와 통화 그리고 그것이 경제에 미칠 영향을 예측하지 않았다. 장기 가치투자자로서 "자산으로서 만족스럽고 근본적인 이익 창출 능력도 만족스러우며 그에 비해 저평가된 주식"을 샀다.[22] 거시 경제학의 아버지로 일컬어지는 그지만 역설적이게도 거시 경제학의 대척점에 있는 것을 수용하면서 투자에 성공했다.

어떤 것을 내재가치 미만에 사게 되면, 단기적인 수익률 경쟁에 이긴다는 보장은 없지만 장기적으로는 더 유리하다고 할 수 있다. 케인스는 《고용, 이자 및 화폐의 일반 이론》 12장에서 이것을 다음과 같이 설명했다.

> 솔직히 이야기하면 철도, 구리 광산, 섬유 공장, 특허 의약품의 영업권, 대서양 횡단 여객선, 런던 건물의 10년 후 수익률을 예측하는 지식의 근거는 거의 가치가 없고, 때로는 전혀 가치가 없다는 사실을 인정해야 한다. 심지어 5년 후의 예측도 마찬가지다.[23]

가치투자로 도약한 것은 성공적이었지만 케인스는 일련의 도전에 직면했다. 모든 것이 그렇듯 가치 역시 계절에 영향을 받는데, 여름이 겨울로 바뀌는 시점은 누구도 미리 알 수 없다. 1936~1938년 그는 재산의 3분의 2를 잃었고 그가 운용한 포트폴리오의 성적도 나을 것이 없었다. 그가 자금을 운용한 보험회사 두 곳의 이사회는 그의 실적에 크게 분노했다. 내셔널 뮤추얼의 손실액은 64만 1,000파운드에 달했다.[24] 이사회가 해명을 요구하자 케인스는 서면으로 다음과 같이 답했다.

아주 낮은 가격에라도 팔아치우는 것이 높은 가격에 매도하지 못한 데 대한 해결책이 될 수는 없다고 생각합니다. (중략) 하락하는 시장에서 달아나야 하는지 여부를 끊임없이 고민하는 것이 기관이나 진지한 투자가가 할 일이라고 생각하지 않습니다. 의무는 더더욱 아닐 것입니다. (중략) 시장이 바닥인 상황에서 가진 것을 다른 투자자에게 팔아치우고 오로지 현금만 쥐고 있어야 한다는 생각은 실현 불가능할 뿐만 아니라 전체 시스템에도 해가 되는 일입니다.[25]

불과 10년 전 그의 생각과 비교하면 비약적인 변화다.

킹스 칼리지 역시 설명을 원했다. 케인스는 두 달 뒤 킹스 칼리지 재산 위원회에 다음과 같은 짧은 답변서를 제출했다.

대대적 전환을 감행한다는 발상은 다양한 이유로 실행 불가능하고 바람직하지도 않습니다. 그것을 시도하는 사람 대부분은 너무 뒤늦게 팔고, 너무 뒤늦게 사며, 그 두 가지를 너무 빈번하게 합니다. (중략) 이제 성공적인 투자는 다음 세 가지 원칙에 달려 있다고 믿습니다.

– 실제 가치, 잠재적 내재가치, 당시의 다른 투자 대안과 비교해 얼마나 싼지 등을 감안해 소수의 투자 대상을 신중하게 선택한다.

– 선택한 소수의 투자 대상을 큰 규모로, 잘되든 안되든 꾸준히 보유한다. 수년이 걸릴 수도 있다. 기대가 실현될 때까지, 혹은 매수가 실수였다는 것이 분명해질 때까지 보유한다.

– 균형 잡힌 투자 포지션을 구축한다. 즉 개별 주식을 각각 큰 규모로 보유하더라도 위험을 분산한다. 위험의 방향이 반대면 더욱 좋다.[26]

콧대 높은 거시 경제학자가 지적 유연성을 발휘해 하향식에서 상향식으로 접근법을 전환한 것은 진정 놀랄 만한 일이다. 그는 투자자의 기분을 예측하는 것은 거의 불가능하며 대개 시간 낭비일 뿐이라는 현실을 인정하고 투항했다.

누구나 스스로를 장기 투자자라고 생각하고 싶어 하지만 삶을 단기로 살아가고 있다는 사실에는 주목하지 않는다.《화폐개혁론A Tract on Monetary Reform》에서 케인스는 이렇게 지적했다. "'장기적'이라는 표현은 현안을 호도한다. '장기적으로' 우리는 모두 죽는다."[27] 장기 수익률은 투자자에게 매우 중요하지만 우리 포트폴리오는 매일 정산된다. 그래서 단기적으로 난기류가 형성되면 장기적 사고는 창문 밖으로 달아난다. 케인스는 단기적 사고에 휩쓸리는 우리의 성향을 "양적 확률을 적용해 도출한 양적 이익을 가중 평균한 결과가 아닌, 애니멀 스피릿animal spirits*"이라고

---

* '애니멀 스피릿'으로 통용되며, 흔히 동물적 충동, 동물적 감각 등으로 번역되나 경제학에서는 '야성적 충동'으로 번역한다.

표현했다. 그는 애니멀 스피릿을 "가만히 있기보다 행동에 나서려는 자발적 충동"이라고 설명한다.[28] 케인스는 자신의 인지 편향을 인식했을 뿐 아니라 인지 편향과 효과적으로 싸울 수 있었던 드문 투자가다.

1928~1931년 영국 주식시장이 30% 하락하는 동안 킹스 칼리지의 자산은 50% 가까이 감소했다. 그러나 1932~1945년 케인스는 펀드를 869% 불렸다. 같은 기간 영국 주식시장의 상승폭은 단 23%에 불과했다.[29] 단기 투기에서 장기 투자로 전환한 것이 모든 변화를 가져왔다. 이 기간의 전반기 56%에 달했던 포트폴리오 회전율도 후반기에는 14%에 그쳤다.[30]

탈러의 《넛지Nudge》, 쉴러의 《비이성적 과열Irrational Exuberance》, 카너먼과 트버스키의 '전망 이론Prospect Theory' 전에 케인스의 애니멀 스피릿이 있었다. 케인스는 세상의 모든 정보를 가질 수 있다고 하더라도 자신의 행동을 통제하고 다른 사람의 행동을 예측하는 능력이 없으면 무의미하다는 것을 깨달았다.

케인스는 1929년 대폭락, 그 뒤를 이은 대공황, 제2차 세계대전을 아우르는 기간에도 놀라운 투자 성적을 기록할 수 있었다. 이러한 성과가 가능했던 것은 단기간에 다른 모든 투자자를 앞질러 생각하려는 노력을 멈춘 덕분이다. 누구나 예상하는 보편적인 의견이 무엇일지를 알아내는 것은 이 전투에 나선 많은 사람 가운데 특히 뛰어났던 그에게도 능력 밖의 일이었다. 그렇다면 평범한 우리를 위한 교훈은 분명하다. 그러한 게임은 하지 말 것, 장기적으로 생각하고 자산 배분에 집중할 것.

성공적인 투자가는 강세장이 왔을 때 뒤처지고 있다는 느낌 없이 충분히 상승세를 누릴 수 있는 포트폴리오를 구성한다. 약세장이 닥쳐 주변 모든 사람이 이성을 잃을 때도 살아남을 수 있도록 포트폴리오를 구성한다. 쉽게 들리지만, 간단하지 않고 실행이 굉장히 어려운 일이다.

잘 훈련된 투자자는 다양한 시장 환경에서 자신이 어떻게 행동하는지 상세히 파악해 자신의 개성에 맞는 적절한 포트폴리오를 보유한다. 그들은 완벽한 포트폴리오를 구축하기 위해 스스로를 파괴하지 않는다. 그러한 것은 존재하지 않는다는 사실을 알기 때문이다. 오히려 그들은 케인스가 말했다고 잘못 알려진 "완전히 틀리기보다는 대충이라도 맞는 편이 낫다"는 말*에 동의한다.

---

* 영국 철학자 카베스 리드의 말로 원래 표현은 "정확히 틀리기보다는 애매하게 맞는 편이 낫다 (It is better to be vaguely right than exactly wrong)."이다. 케인스가 한 말로 잘못 알려져 있다.

존 폴슨
John Paulson

이긴 경기에서
홈런을 또 칠 필요는 없다

이길 때 멈춘다.
최고의 도박사는 모두 그렇게 한다.

— 발타자르 그라시안

램프의 요정이 눈앞에 나타나 소원을 묻는다면 대부분 "부자가 되게 해주세요"라고 답할 것이다. 상투적으로 들리겠지만, "소원을 빌 때는 신중해야 한다"라고 하는 데는 합당한 이유가 있다.

'버드'라 불린 윌리엄 포스트 3세는 1988년 펜실베이니아주에서 1,620만 달러 복권에 당첨되었지만 2006년 사망할 당시 월 450달러의 사회보장연금에 의지하고 있었다.[1] 에블린 애덤스는 복권에 두 번이나 당첨되어 총 540만 달러를 얻었지만 20년 뒤에는 모든 재산을 잃고 트레일러에서 살았다.[2] 이것은 특별한 사례가 아니다. 복권에 당첨된 사람 가운데 3분의 1이 당첨금을 모두 날린다. 이러한 사례는 생각보다 훨씬 더 일반적이다.[3] 복권 당첨은 전적으로 운에 좌우된다. 반면 성공적인 투자는 행운과 뛰어난 실력의 조합으로 만들어진 결과다.

주식시장은 세계 최대의 카지노이며 돈을 벌 방법은 무궁무진하다. 옵션, 레버리지 상장 지수 펀드leveraged ETF*, 선물 계약 등 투자자가 참여할 수 있는 다양한 게임 테이블이 수천 개나 놓여 있다. 돈을 벌어 좋은 것은 차치하고, 주식시장의 행운이 특히 매력적인 것은 누구도 "이 종목이 두 배로 오른 것은 당신이 생각한 바로 그 이유입니까? 그렇게 결론을 내린 근거는 무엇입니까?" 하며 시시비비를 가리지 않기 때문이다. 운이 좋아 번 돈도 실력

---

* 금융 파생 상품과 레버리지를 이용해. 추종하는 지수 변동 폭 대비 일정 배수만큼 큰 수익(또는 손실)이 발생하도록 설계되었다.

으로 번 돈과 다를 바가 없다.

투자는 두뇌와 욕망으로 벌이는 격렬한 게임이다. 우리의 경쟁 상대는 무한한 자원을 보유하고 있으며 정보에 제한 없이 접근 가능하다. 따라서 경쟁자보다 시종일관 빨리 달리기를 기대하는 것보다는 행운을 기대하는 것이 더 낫다.

운으로 돈을 번다면 좋은 일이지만 시장에서 행운을 누릴 경우 치명적인 폐해가 뒤따른다. 성공의 원인을 실력으로 돌리는 경향이 생기는 것이다. 마이클 모부신은 "행운을 기대하고 포지션을 취하는 것은 실패하기 위해 포지션을 취하는 것과 마찬가지"라고 말했다.[4] 일단 커다란 성공을 거두고 나면 대개 실패도 뒤따른다. 카지노에서 행운을 잡았을 때, 출납원에게 가 칩을 환전한 후 차를 몰고 저녁노을 속으로 사라지는 일은 드물다. 대개 '하우스 머니**', 즉 공돈으로 게임을 하게 됐다고 생각하고 격렬한 흥분을 다시 경험하고 싶어 번개에 두 번 맞기를*** 기대하며 밀어붙인다. 번개에 두 번 맞은 전무후무한 인물, 존 폴슨은 투자자에게 중요한 교훈을 준다.

** 도박 시설이 보유한 자금. 카지노에서 상당한 돈을 딴 뒤에도 게임을 멈추지 못할 때, 이를 가리켜 공돈 개념의 '하우스 머니'로 게임을 한다고 표현한다. 리처드 탈러와 에릭 C. 존슨은 카지노 용어를 빌려, 저축이나 임금의 일부를 투자할 때보다 주식, 채권, 선물 또는 옵션을 통해 얻은 수익을 재투자할 때 더 큰 위험을 감수하는 경향을 '하우스 머니 효과(house money effect)'라고 설명했다.

*** 흔히 로또 1등 당첨 확률을 '번개에 두 번 맞을 확률'로 비유한다.

폴슨은 1994년 자신이 가진 200만 달러로 헤지펀드인 폴슨 & 컴퍼니를 설립했다. 그 전에는 투자 은행 베어스턴스에서 합병 차익 거래를 담당했다. 합병 차익 거래는 합병하는 두 회사의 주식 중 하나는 매수하는 동시에 다른 하나는 공매도해 차익을 추구한다. 매수와 공매도는 합병이 매듭지어질 것이라는 전제로 실행된다. 하지만 이 거래는 헤지펀드 세계에서 상대적으로 지루한 부문이고, 그가 유명해진 이유는 따로 있다. 바로 커다란 베팅 규모였다. 그는 미국 주택시장에 형성된 거품을 상대로 전면 공격에 나섰다. 주택시장 붕괴 후 그의 자산은 360억 달러로 불어났고, 그는 미국에서 두 번째로 큰 헤지펀드의 운영을 맡게 되었다.

폴슨은 한 번의 대형 거래에 만족하지 않았고 두 번째 큰 기회를 찾으려 했다. 최고 수익을 올린 헤지펀드매니저가 된 지 이제 10년이 지났고, 그때 이후 75%의 자산을 잃었다. 2017년 현재 그는 100억 달러에 못 미치는 자산을 운용한다. 그 가운데 80%가 자신과 직원의 자산이다.[5]

2000년대 중반 미국 전체가 2차 모기지*를 얻어 주택 단타 매매flipping에 몰두할 때, 폴슨의 전망은 그만큼 낙관적이지 않았다. 함께 일한 유명 애널리스트 파올로 펠레그리니의 도움으로 그는 미국 주택시장의 거품이 팽창하고 있다는 확신을 가지게 되었다.

---

* 장기 주택 담보 대출. 2차 모기지는 주로 2금융권 등에서 1차 모기지 대비 고금리로 이루어진다.

2005년에는 모기지가 필요할 경우 신청만 하면 되었다. 자신의 수입이 여섯 자릿수라고 밝힌 마리아치(멕시코 전통 음악) 가수도 문제없이 대출을 받았다. 마리아치 가수가 대략 얼마를 버는지 알려진 것이 거의 없는데도 대출 기관은 수입을 입증할 공식 자료 대신 공연복을 입은 가수의 사진을 증명으로 남기고 대출을 해주었다.[6]

딸기를 따서 일주일에 300달러를 버는 알베르토와 라미레즈는 버섯 농사로 일주일에 500달러를 버는 다른 커플과 자금을 합해 월 소득 3,200달러를 만들어 월 상환 금액이 3,000달러에 달하는 모기지를 얻었다. 딸기를 따서 도합 연 1만 5,000달러를 버는 두 사람이 72만 달러 모기지에 '적격' 판정을 받은 것이다. 한마디로 거품이었다.[7]

2005년까지 서브프라임** 채무자가 빌린 모기지 잔액은 6,250억 달러에 달했다. 또한 전체 모기지의 24%에는 보증금이 설정되지 않았다***.[8] 주거용 부동산시장에 거품이 끼었다고 판단하는 데 핵심 역할을 한 펠레그리니는 폴슨에게 주택 가격이 폭락할 것이라고 조언했다. 2000년까지만 해도 주택 가격은 연

** 심사에 통과하지 못하거나 신용 등급이 낮은 사람을 대상으로 한 주택 담보 대출.
*** 차주는 신용도에 따라 우대 주택 담보 대출에 해당하는 프라임 모기지나 서브프라임 모기지를 이용할 수 있다. 프라임 모기지는 이자율이 낮은 대신 대출금에서 일정 비율의 보증금을 내야 한다. 서브프라임 모기지는 보증금이 없는 대신 이자가 비싸고 대부분 중도 상환 시 거액의 수수료를 내도록 설계된다.

존 폴슨

1.4% 상승해 25년째 물가 상승률을 따라잡지 못하고 있었다. 그러나 거품이었던 것으로 밝혀진 기간의 주택 가격은 과거 연평균 상승률의 다섯 배 속도로 오르기 시작했다. 2005년까지 가격이 급등했고, 펠레그리니는 가격이 급락해 지난 25년간의 추세로 돌아가는 것은 단지 시간문제일 뿐이라고 확신했다. 폴슨은 이 정보를 이용해 다음 일을 준비했다.[9]

문제는 주택을 공매도할 수 없다는 것이었다. 폴슨과 펠레그리니는 시장과 반대로 베팅하는 다른 방법을 찾아야 했다. 이들은 기업의 부채나 부실 가능성에 베팅하는 보험 성격의 계약인 신용부도 스와프(Credit Default Swap, 이하 CDS)에 관해 배웠다.

폴슨은 모기지 채권 보증 회사인 MBIA를 이용해 최초의 주택 시장 공매도를 실시했다. 그는 연 50만 달러로 MBIA의 부채에 대한 1억 달러 상당의 보험을 살 수 있었다.[10] 2005년에는 더 많은 CDS를 매수했다. 다음으로 대형 대출 기관인 컨트리와이드 파이낸셜과 워싱턴 파이낸셜의 채권에 대한 CDS를 매수했다.

기록적인 수익률을 쉽게 올릴 수 있다고 생각했을지 모르지만, 얼마 지나지 않아 폴슨은 모든 것을 끝마치기까지 상당히 오랜 시간이 걸릴 수 있다는 사실을 깨달았다. 주택 가격은 2005년 9월 상승세를 멈추었지만[11] 그가 매수한 CDS에서는 여전히 손실이 계속되었다.

복권 당첨 같은 1,000% 이상의 수익을 올리려면 시장과 다르게 움직여야 한다. 친구 한두 명과 의견이 다르다고 해서 될 일이 아니다. '모든 사람'이 나를 제정신이 아니라고 생각할 만큼 의견이 달라야 한다. 예를 들어 내가 애플의 가치를 0이라고 생각한다고 가정하자. 더 나아가 나는 애플의 사업 전체가 엉터리고 애플이 보유하고 있다는 2,400억 달러 현금이 아예 존재하지 않는다고 믿는다. 확신에 찬 나는 마침내 역사적으로 손꼽히는 성공을 거둔 기업인 애플의 몰락에 노후 대비 저축 전부를 투자(풋옵션)한다.

이것이 바로 10년 전 주택시장에서 폴슨이 했던 투자다. 한 헤지펀드 투자가는 이렇게 말했다. "폴슨은 합병 차익을 노리고 거래하는 사람이었는데 갑자기 주택시장과 서브프라임시장에 대해 강력한 의견을 펼쳤습니다. 시장의 신이라 불린 엘링턴 매니지먼트 마이크 브라노스를 포함한 대형 모기지 투자자들은 서브프라임에 대해 훨씬 더 긍정적이었습니다."[12] 그러나 폴슨은 조금도 개의치 않았다. 그는 내일이 없는 사람처럼 계속해서 CDS를 사들였다. 다른 트레이더는 그가 정신이 나갔다고 생각했다. 그리고 이 어리석은 판단이 결국 그를 무너뜨릴 것이라고 보았다. 주택시장 전문가의 견해가 궁금했던 폴슨은 모기지 지불 상환 능력과 주택 가격을 예측하는 훌륭한 모델이 있다고 장담한 베어스턴스 출신 애널리스트를 초청해 의견을 들었다. 베어스턴스에서 20년 동안 시장을 면밀히 조사해온 그 애널리스트는 주택시장에 거품이 끼었다는 펠레그리니의 의견에 의심을 품지 않았다.

폴슨은 자기 팀의 분석이 정확하다고 확신했다. 그는 자신이 옳다는 것을 어떻게 알았을까? 그것을 안다는 것이 과연 가능한 일이었을까? 그의 팀을 제외하고 폴슨과 이야기를 나눈 사람은 모두 그가 제정신이 아니라며 비난했다. 이것이 바로 역발상 투자가를 자처하는 사람이 꺼리는 '감정적 대가'다. 누구도 자신의 판단에 의문이 제기되는 것을 좋아하지 않는다. 하지만 이처럼 자신을 비난하는 사람이 없으면 막대한 수익을 얻는 것도 불가능해진다.

2007년 2월, 마침내 폴슨이 옳았다는 것을 확인해주는 듯 보이는 현상이 감지되었다. 미국 서브프라임 모기지 업계 2위 업체인 뉴센추리 파이낸셜이 2006년 1~3분기 실적 공시를 정정하겠다고 발표한 뒤 주가가 36% 곤두박질친 것이다. 서브프라임 채무자를 대상으로 이루어진 모기지 가치를 측정하는 ABX지수는 100에서 60으로 급락했고 폴슨은 순식간에 12억 5,000만 달러의 이익을 얻었다.

옳은 논지를 펼치는 것과 그것으로 이익을 달성하는 것은 전혀 다른 이야기다. 다른 사람의 돈을 운용할 때는 더욱 그렇다. 매달, 매 분기 손실을 기록하는 폴슨을 지켜보는 투자자의 마음은 편하지 않았다. 게다가 아무런 소득 없이 보험에 대한 비용이 지출되고 있었다. 그러던 중 그가 옳았다는 조짐이 보이고 보험이 효과

를 발휘하기 시작하자 투자자는 폴슨에게 이익을 실현하라고 간청했다.[13]

"상승하는 종목은 계속 달리게 내버려 두어야 한다"라는 조언을 들었겠지만, 투자자로서 10억 달러 이익을 깔고 앉아 실현하지 않는 것을 상상할 수 있겠는가? 밤에 잠이 올까? 만일 이것이 딸꾹질 같은 일시적 반등에 불과하고 지수가 원래대로 돌아간다면? 10억 달러 이익을 포기하고도 영원한 흉터를 남기지 않을 수 있을까?

ABX지수는 77로 반등했고 폴슨의 이익도 반 토막이 났다. 그러나 이것은 데드 캣 바운스, 즉 약세장 속 일시적 반등에 지나지 않았던 것으로 판명되었다. 그리고 서브프라임 채무자의 채무 불이행은 가속화되었다. 2007년 서브프라임시장이 붕괴되었을 때 폴슨의 크레디트 펀드 두 개는 각각 590%, 350% 이익을 기록했다. 폴슨 & 컴퍼니는 150억 달러를 벌었고 폴슨이 개인적으로 쓸어 담은 돈은 40억 달러에 달했다. 금융시장에서 단 1년 만에 거둔 이익으로는 사상 최대였다.[14]

그런데 이러한 성공에는 몇 가지 문제가 뒤따른다. 모두가 원하던 대로 큰 수익을 얻고 난 후에는 평범한 수익을 더 이상 의미 있는 변화로 여기지 못하는 것이다. 엄청난 성공을 경험한 대다수 투자자와 마찬가지로 폴슨은 다시 큰 건수를 찾아 나섰다. "윔블던 같은 것입니다. 한 해 이겼다고 그만두지 않죠. 또 이기고 싶은 것입니다."[15] 또 다른 문제는 자아를 통제하기가 사실상 불가능하다는 것이다. 막대한 수익이 만들어낸 자기 과신은 현실에 발을 딛지 못하고 구름 위를 떠다니게 한다.

금융 위기와 연준의 양적 완화로 폴슨은 새로운 자산에 눈을 돌렸다. 그는 앞으로 인플레이션이 닥칠 것이라 확신했고 이 부정적인 영향에서 자유로울 수 있는 자산을 찾았다. 더 구체적으로는 인플레이션 환경에서 더 큰 가치를 발휘할 자산을 매수하고 싶었다. 답은 금이었다. 2010년 여름 그는 50억 달러를 금 관련 투자에 쏟아부었고 세계에서 가장 많은 금을 보유한 사람이 되었다.

폴슨은 지난날의 영광을 재현하지 못했다. 금의 가치는 2011년 최고점 대비 30% 하락했고 폴슨 & 컴퍼니의 대표 펀드인 어드밴티지 펀드의 가치도 3분의 1 하락했다. 어드밴티지 펀드의 평가액은 2013년 26% 더 떨어졌고 이후 3년간 계속해서 손실을 입었다. 2016년에 이르러서는 폴슨 & 컴퍼니의 다른 펀드도 손실을 보았다. 더 가파른 수익률을 달성하기 위해 레버리지에 의존했던 어드밴티지 펀드의 자매 펀드 역시 펀드 평가액의 49%에 해당하는 손실을 입었다. 폴슨의 전문 분야였던 합병 거래 전문 펀드 역시 2016년 한 해에만 25% 손실을 기록했다.[16]

2010년, 폴슨은 49억 달러에 이르는 최고 연봉을 받은 펀드 매니저였다.[17] 세전 기준 최소 1일 1,340만 달러, 시간당 55만

9,000달러, 분당 9,000달러, 초당·155달러에 해당하는 액수다. 49억 달러라는 숫자 자체만으로도 더 이상 설명이 필요 없겠지만, 참고로 세계 최고 스포츠 구단으로 꼽히는 맨체스터 유나이티드의 평가액은 같은 해 18억 3,000만 달러였다.[18]

미국 주식시장에서 적어도 40개 종목(러셀3000 기준)의 주가가 5년 동안 매년 두 배 상승했다. 그만큼 커다란 수익을 올릴 기회는 충분히 많았다. 투자자는 본능적으로 지름길을 찾는다. 모두가 차기 마이크로소프트를 찾고 싶어 한다. 그러나 장외 홈런을 치기 위해서는 수많은 문제를 해결해야 한다. 1차적인 문제, 무엇보다 분명한 문제는 그것이 엄청나게 어렵다는 사실이다. 뉴욕 증권거래소 주식 거래의 50%는 규모 기준 상위 50개 헤지펀드가 책임지고 있다. 가장 작은 펀드조차 정보를 얻기 위해 연 1억 달러를 지출한다.[19] 르네상스 테크놀로지의 주식을 매매하고자 할 때마다 설립자인 짐 사이먼스를 상대로 실물 주권stock certificate을 거래한다고 가정해보자. 거래 상대가 무려 짐 사이먼스다. 단지 뜻밖의 행운만으로 우연히 부자가 될 수 있다고 믿는다면, 불가능하지는 않겠지만, 순진한 생각인 것만큼은 분명하다.

두 번째 문제는 커다란 성공을 경험하고 나면 같은 흥분을 또 갈망하게 된다는 것이다. 지방채에서 4% 비과세 수익을 얻는 것의 느낌이 수천 퍼센트 수익과 같을 수는 없다.

부자는 단 한 번만 되어도 충분하다. 열심히 일했든 단지 운이 좋았든 상위 1% 안에 들었다면 이미 이긴 것이다. 이미 이긴 경기에서 홈런을 또 칠 필요는 없다.

찰리 멍거
Charlie Munger

손실을 의연하게
받아들여야 한다

인내심, 절제력, 미치지 않고 손실을 감수하는 능력이 필요하다.

– 찰리 멍거

넷플릭스, 아마존, 구글은 지난 10년간 특히 큰 성공을 거둔 기업이다. 이들의 제품과 서비스는 우리 생활 방식을 바꾸었고 주주는 어마어마한 이익으로 보상을 받아왔다. 그런데 이 보상은 주주가 이들 기업을 떠나지 않을 만큼 잘 단련되어 있었다는 가정하에 그렇다. 금융에서 가장 오래된 교리 가운데 하나가 '위험은 보상과 연결되어 있다'는 것이다. 큰 보상을 원한다면 큰 위험을 감수해야 한다.

2017년 현재 아마존 주가는 1997년 상장 이후 무려 38,600% 상승해 복리 기준 연 35.5% 수익률을 기록했다. 아마존에 1,000달러를 투자했다면 38만 7,000달러로 불어났다는 뜻이다. 그러나 1,000달러를 투자해 20년 뒤 실제로 38만 7,000달러로 불리기까지 거쳐온 험난한 과정은 아무리 강조해도 지나치지 않다. 아마존 주가는 세 차례나 반 토막이 났다. 특히 1999년 12월부터 2001년 10월 사이에는 주가가 무려 95% 하락했다. 이때 가상의 투자금 1,000달러의 가치는 최고 5만 4,433달러에서 3,045달러로 감소했고 손실액은 5만 1,388달러에 달했다. 장기간에 걸쳐 상승한 종목을 보고 '미리 사두었더라면' 생각하는 것이 어째서 쓸데없는 일인지 알 수 있다. '아마존이 세상을 바꾼다는 것을 알았어야 했는데'라고 생각할지 모른다. 어쩌면 미리 알았을 수도 있다. 그러나 정보가 있었다고 해도 주가가 급등할 때까지 보유하며 버티는 일이 더 쉬워지지는 않았을 것이다.

또 다른 혁명적 기업인 넷플릭스 역시 2002년 5월 상장 이후 복리 기준 연 38% 수익률을 기록했다. 그러나 이 기업 역시 투자 후 계속해서 보유하는 데는 비인간적인 수준의 자기 단련이 요구되었다. 넷플릭스 주가는 네 차례나 반 토막이 났고 2011년 7월부터 2012년 9월 사이 82% 하락했다. 넷플릭스에 투자한 1,000달러는 3만 6,792달러로 불어난 뒤 시간이 흐르며 6,629달러로 감소했다. 투자금 3만 달러가 줄어드는 동안 가만히 두고 볼 수 있었을까? 앞서 20개월 동안 기록한 500% 수익이 단 14개월 만에 연기처럼 사라져버렸는데 말이다.

세 기업 중 가장 젊은 구글은 2004년 상장 후 연 25%가 넘는 수익률을 기록해 아마존과 넷플릭스보다 상승세가 완만했다. 주가는 '단 한 차례만' 반 토막이 났는데, 2007년 11월부터 2008년 11월 사이 65% 하락했다. 많은 투자자가 아마존, 넷플릭스, 구글이 폭풍우를 지나는 시기를 견뎌내지 못했다. 바닥을 치기까지 265일 동안 구글 주식 거래액은 8,450억 달러에 달했다. 당시 구글의 평균 시가총액은 1,530억 달러를 밑돌았다. 즉 시가총액 대비 5.5배에 달하는 매매가 이루어졌다는 뜻이다. 이때 구글 주식을 매도한 투자자는 이후 8년간의 515% 수익률까지 빼앗긴 셈이 되고 말았다.

찰리 멍거는 아마존, 넷플릭스, 구글처럼 급등하는 종목에는 전혀 관심이 없었다. 단기적 고통이 상당했지만, 멍거는 이들 기업에 투자한 것과 다를 것 없는 막대한 장기 투자 수익을 기록해 왔다. 버크셔 해서웨이 부회장이자 버핏의 오랜 동업자인 그는 뛰어난 지적 능력과 이른바 '멍거주의'로 통하는 경구로 익히 알려져 있다. 그는 문제를 뒤집어 보는 것, 거꾸로 분석하는 것, 지난 일을 돌이켜 생각하는 것을 좋아한다. 그는 "내가 어디서 죽게 되는지만 알고 싶다. 그쪽으로 절대 가지 않으면 되기 때문이다"라고 말했다. 2002년 버크셔 연례 주주 총회에서 그는 "사람들이 계산은 너무 많이 하고 생각은 너무 적게 합니다"라고 불평했다.

멍거가 우리와 구별되는 특징 가운데 하나는 그가 자신의 능력범위 밖에 있는 기회에 정신을 판 적이 결코 없다는 것이다. 그는 이렇게 말했다. "우리에게는 바구니가 세 개 있습니다. 가져갈 것, 버릴 것, 너무 어려운 것."[1] 투자자라면 그의 조언을 따르는 편이 좋다. "너무 어려우면 다른 대상으로 옮겨 가면 됩니다. 이보다 더 간단할 수 있을까요?"[2]

매일 새로운 제품이 출시되는 세상에서 '보라색과 초록색 인공 미끼' 이야기는 투자자에게 도움이 될 것이다.

낚시 도구를 파는 한 남자의 대답은 우리가 어리석은 판단을 내리는 이유를 잘 설명하고 있다. 나는 그에게 물었다. "세상에, 미끼가 보라색, 초록색이네요. 물고기가 정말 이 인조 미끼를 좋아하나요?" 그러자 그가 답했다. "선생님, 저는 이것을 물고기한테 파는 것이 아닙니다."[3]

버핏을 만나기 11년 전인 1948년, 멍거는 하버드 로스쿨을 졸업하고 아버지의 뒤를 이어 법조계로 진출해 성공적인 경력을 쌓았다. 그는 변호사로 일하면서 부동산 개발 프로젝트에 뛰어들어 '첫 100만 달러'를 마련했다. 투자에 대한 그의 열정이 폭발한 것은 1959년 에드 데이비스의 소개로 버핏을 만나면서부터였다.

버핏은 데이비스에게 10만 달러 투자를 요청한 적이 있는데 실제로 투자를 받게 되자 깜짝 놀랐다. 자신이 설명하는 투자 전략에 데이비스가 그다지 주목하지 않는 것 같다고 생각했기 때문이다. 사실 데이비스는 버핏을 보며 또 다른 인물을 떠올렸다. 그가 전적으로 신뢰하는 멍거였다. 그는 버핏에게 건넬 수표를 멍거의 이름으로 발행하는 실수를 할 정도로 버핏과 멍거를 비슷하게 보았다.[4]

데이비스의 소개로 만난 멍거와 버핏은 곧바로 죽이 맞았다. 버핏에게 배우고 또 그와 교감한 지 수년이 지난 1962년, 멍거는 훗날 놀라운 성공을 거둔 헤지펀드 '휠러, 멍거 & 컴퍼니'를 설립했다. 그가 새로운 법률회사인 '멍거, 톨스 & 올슨'을 설립(지금도 운영 중이다)한 바로 그해였다.

멍거는 시작부터 굉장했다. 1962~1969년 펀드의 보수 공제 전 수익률은 무려 연 37.1%에 달했다.[5] 당시 환경을 생각하면 이 수치는 더욱 놀랍다. 그 8년은 수익 올리기가 쉬운 기간이 결코 아니었다. 실제로 배당금을 포함한 S&P500 지수 수익률은 같은 기간 6.6%에 그쳤다. 그는 펀드가 존속한 14년간 산술 평균 24%, 기하 평균 19.82%의 수익률을 기록해 같은 기간 배당금을 포함해 5.2% 상승하는 데 그친 S&P500의 수익률을 크게 앞질렀다. 부침이 있던 시기를 그와 함께했다면 그의 투자자도 꽤 큰 수익을 얻었을 것이다. 그러나 그와 함께하는 것은 아마존을 붙들고 있는 것만큼이나 어려운 일이었다.

사상 최고의 투자가 가운데 한 명인 멍거에게 배울 수 있는 최고의 교훈은 '나쁜 날 없이는 좋은 날도 없다'는 사실이다. 장기 투자라는 구조 안에는 대형 손실이 있다. 손실을 감수할 준비가 되어 있지 않다면 시장이 장기적으로 제공하는 수익을 거둘 수 없다. 멍거는 이렇게 말했다.

시장 가격이 100년에 두세 차례 50% 이상 하락하는 데 침착하게 대응할 준비가 되어 있지 않다면 보통주 주주에 어울리는 투자자가 아닙니다. 이러한 투자자는 시장의 등락에 조금 더 의연한 보통주 주주 기질의 투자자에 비해 시원찮은 성과를 얻을 것이고 그래야 마땅합니다.[6]

버핏은 이렇게 말했다. "멍거는 주가의 큰 부침을 기꺼이 받아들였습니다. 그리고 드러난 결과에 온 정신을 집중했습니다."[7] '집중'은 절제된 표현이었다. 멍거와 비교하면 제아무리 집중력 높은 투자자도 산만해 보일 정도였다. 1974년 말 펀드 자산의

61%가 블루칩 스탬프에 투자되었다.[8] 대공황 이후 최악의 약세장에서 블루칩 스탬프 역시 폭락했고 멍거가 보유한 거대한 포지션은 포트폴리오에 심각한 피해를 입혔다. 회사의 스탬프(교환권) 거래 매출은 최대 1억 2,418만 달러에서 1982년 900만 달러로 감소했다. 2006년 매출은 2만 5,000달러에 불과했다. "블루칩 스탬프의 본업에 대해 말하자면, 나는 1억 2,000만 달러가 넘는 스탬프 거래 매출이 10만 달러도 안 되는 수준으로 감소하는 것을 지켜보았습니다. 그러니까 매출이 99.99% 감소하는 과정을 지켜본 것입니다."[9]

블루칩 스탬프는 회복했고 시즈캔디, 버펄로 이브닝 뉴스, 웨스코 파이낸셜을 인수하는 극히 중요한 자산이 되었으며 1983년 결국 버크셔 해서웨이에 합병되었다.*[10]

휠러, 멍거 & 컴퍼니는 1973년 31.9% 손실을 기록했고(같은 기간 다우지수는 13.1% 하락했다) 1974년 추가로 31.5% 손실을 기록했다(다우지수는 23.1% 하락했다). 멍거는 다음과 같이 회상했다. "1973~1974년에는 진정한 본질 가치true underlying value 측면이 아닌 시장 호가 측면에서 크게 패했다. 우리가 투자한 상장 주식의 가격이 실제 가치의 절반 이하로 하락한 것이다." "힘든 시기였다. 1973~1974년은 그야말로 냉혹한 시기였다."[11] 멍거뿐 아니

---

*   버크셔 해서웨이는 1973년 블루칩 스탬프에 투자를 시작했고 1983년 주식 교환으로 블루칩 스탬프를 합병했다.

라 많은 위대한 투자가에게도 힘든 시기였다. 버핏의 버크셔 해서웨이 주가는 1972년 12월 80달러에서 1974년 12월 40달러로 하락했다. 1973~1974년 약세장에서 S&P500 지수는 50% 하락했다(다우지수는 46.6% 하락해 1958년 수준으로 돌아갔다).

1973년 1월 멍거에게 맡긴 1,000달러는 1975년 1월 1일 467달러가 되었다. 멍거는 1975년에 73.2% 수익을 기록해 손실을 빠르게 회복했지만 그마저도 너무 늦은 것이었다. 그는 대형 투자자를 잃었고 그로 인해 정신적, 감정적으로 고갈되었다. 그는 투자조합을 청산할 때라고 판단했다.

그러나 잔혹했던 1973~1974년의 성적에도 불구하고 펀드의 존속 기간 전체 수익률은 보수 공제 전 기준으로 24.3%를 기록했다.

단기간에 급등한 주식만 반 토막이 나는 것은 아니다. 오랜 기간 쌓아 올린 것은 그것이 무엇이든 언젠가 해체되기 마련이다. 다우지수는 1914년 이후 26,400% 상승했지만 30%씩 아홉 차례나 하락했다. 대공황 당시에는 90% 폭락했고 1955년이 되어서야 1929년 기록한 고점을 넘어설 수 있었다. 대형 우량주로 구성된 다우지수는 21세기의 첫 10년 동안 두 번의 대형 MDD(기술주 거품 붕괴 당시 38%, 금융 위기 당시 54% 폭락)를 경험했다.

평범한 투자자인 우리가 배울 것은, 몇 년으로 압축한 투자든 일생에 걸친 투자든, 대형 수익을 추구한다면 대형 손실도 그 과

정의 한 부분으로 받아들여야 한다는 사실이다. 멍거는 말했다. "우리는 무엇이든 단순한 것을 좋아합니다."[12] 원하는 만큼 투자를 단순화할 수는 있지만 그렇다고 대형 손실을 피할 수 있는 것은 아니다. 글로벌 금융 위기 당시에는 주식과 채권에 50 대 50 비율로 투자한 포트폴리오에서도 25% 손실이 발생했다.

손실에 관해서는 다양한 관점으로 생각해볼 수 있다. 첫 번째는 절대 손실로, 개별 투자 손실이 최대 얼마인지를 보는 것이다. 멍거는 여러 번 절대 손실을 경험했다. 자신의 헤지펀드를 운용하며 53% 손실을 경험했고, 버크셔 해서웨이 지분 가치의 경우 20% MDD를 여섯 차례 경험했다. 즉, 버크셔 주가가 사상 최고점을 기록한 뒤 이어서 20% 하락하는 것을 여섯 차례나 반복해 경험했다는 뜻이다.

두 번째는 상대 손실이다. 다른 대상에 투자했다면 얻었을 수익과 비교해서 보는 것이다. 1990년대 후반 미국 전체가 인터넷 관련 주식 열풍에 사로잡혔을 때 버크셔 해서웨이는 능력범위 안에 머물렀다. 그래서 비싼 대가를 치렀다. 1998년 6월부터 2000년 3월까지 버크셔는 49% 손실을 입었다. 이마저도 충분하지 않았는지 인터넷 관련 주식은 쓰라린 상처에 소금을 쏟아부었다. 같은 기간 나스닥100 지수가 무려 270% 급등한 것이다. 1999년 버크셔 주주 서한에서 버핏은 이렇게 밝혔다. "상대 실적이 우려됩니다. 부진한 상대 수익률은 시간이 흐르면서 만족스럽

지 못한 절대 수익률로 이어질 것입니다.″

부진한 상대 수익률은 투자에서 불가피한 부분이다. 종목에 투자하든 지수에 투자하든 마찬가지다. 인터넷 거품이 최고조에 달하기까지 5년 동안 버크셔 해서웨이는 S&P500 지수 수익률을 무려 117% 하회했다. 멍거는 피하지 않았지만, 당시 많은 사람들은 멍거와 버핏이 새로운 세계와 접촉 없이 지내는 것은 아닌지 의문을 제기했다.

멍거가 자신의 부를 55년 넘게 불려올 수 있었던 이유는 그의 말에서 찾을 수 있다.

> 워런과 나는 천재가 아니다. 우리는 눈가리개를 하고 체스를 두거나 피아노를 연주하지 못한다. 그러나 우리의 실적은 천재적이다. 부족한 머리를 충분히 보완할 기질적인 장점이 있기 때문이다.[13]

손실을 의연하게 받아들여야 한다. 매도 시기는 가격이 하락한 다음이 아니다. 그런 방식으로 투자를 한다면 일생 동안 실망스러운 수익률을 누릴 수밖에 없다. 손실을 의연하게 받아들인 최고의 투자가에게 교훈을 얻어야 한다. 손실을 피하려고 해서도 안 된다. 그런 일은 불가능하다. 마지못해 매도하는 상황에 놓여서는 안 된다. 주가가 전에도 반 토막이 난 적이 있다는 것을 알고 미래에도 같은 일이 있을 수 있다는 것이 확실하다면 자신이 감당할 수 있는 것 이상으로 보유하지 않아야 한다. 그렇다면 어떻게 해야 할까?

여기 그 방법이 있다. 10만 달러를 투자한 포트폴리오가 있고 3만 달러 손실까지는 감당할 수 있다고 가정하자. 주가가 반 토막이 나고 채권은 가치를 유지한다고 가정할 때(분명히 가정이고 보장된 것은 없다), 주식에 포트폴리오 자산의 60%를 초과해 투자해서는 안 된다. 60% 비중까지는 반 토막이 나더라도 견딜 수 있다.

크리스 사카
Chris Sacca

실수는 인정하되
후회는 하지 않는다

내 의도는 후회하게 될 일을 최소화하는 것이었다.

− 해리 마코위츠

이 책의 핵심은 '어떻게 하면 형편없는 투자를 피할 수 있는가'가 아니다. 오히려 그 형편없는 투자를 피할 수 없다는 것을 보여주려 한다. 힘든 시간은 거래의 한 부분일 뿐이다. 현존하는 투자자 가운데 1,000% 수익률을 낸 사람은 없다. 사실 1,000%에 근접한 사람도 없다. 투자자가 꾸준한 성공을 이루지 못하는 이유 중 하나는 금융과 관련한 결정을 내리는 데 익숙하지 않다는 것이다. 호모 사피엔스는 사냥하고, 채집하고, 둥지를 지키며 수천 세대를 이어왔다. 은퇴 이후를 대비한 투자와 저축은 우리에게 너무나 낯선 일이며 이제야 그 법칙을 조금씩 배워가는 중이다.

뉴욕증권거래소는 1817년에 개장했다. 불과 열 세대 전의 일이다. 인덱스 펀드는 40년밖에 되지 않았다. 호모 사피엔스의 200만 년 역사를 하루 24시간으로 구성한다면 현대 포트폴리오 이론은 23시 59분 58초쯤에나 등장할 것이다. 마이클 모부신도 시간 개념을 이용해 다음과 같이 질문했다. "지난 2초 동안 무엇을 배웠나요?"[1]

인류의 기본적 동기primary motive*는 지난 200만 년 동안 유전자를 통해 다음 세대에게 전해져왔다. '수풀에서 소리가 나면 도망쳐라' 같은 단순한 경험칙이 동기를 실현하려는 인류의 노력을 보조했다. 알고 보니 호랑이가 아니라 그저 바람 소리였다 하더

---

* 적극적 공급의 동기(허기, 갈증, 불면 해소), 회피적 동기(고통 회피), 종족 보존의 동기(성욕, 모성애)를 일컫는다.

라도 달아나서 손해 볼 일은 없으니 밑져야 본전이다. 이처럼 '일단 달아나고 질문은 나중에 하라'는 태도는 인류가 들판에서 살아남는 데 도움이 되었지만, 투자와 관련한 판단을 할 때는 부정적인 영향을 미치는 본능으로 작용하기도 한다. 이 태도는 투자 자산의 수익률과 투자자의 수익률 사이에 격차를 초래했으며 앞으로도 그러할 것이다. 금융시장에서 처음 문제의 징후가 나타났을 때 달아나는 것은 위험한 일이다. 우선 그것이 호랑이일 가능성이 거의 없고, '밑져야 본전' 법칙은 금융시장에 적용되지 않기 때문이다.

미국 주식시장의 연중 하락 폭은 평균 14%로 덤불 속에 작은 바람이 이는 것은 정상이다.[2] 호랑이가 나타나 약세장의 등뼈를 부러뜨리는 일은 흔하지 않다. 조정은 늘 있기 마련이지만 그 조정이 더 나쁜 상황으로 발전하는 경우는 드물다. 따라서 주가가 조금씩 떨어질 때마다 팔아치우고 상황이 잠잠해지기를 기다리는 것은 비싸게 사서 싸게 파는 지름길이다. 지난 100년 동안 우리가 경험한 시장 중 '정말로 끔찍했던 것'은 사실 많지 않다. 대공황, '호시절'의 뒤를 이은 폭락, 1973~1974년 약세장, 닷컴 거품 붕괴, 가장 최근에 있었던 글로벌 금융 위기 정도를 꼽을 수 있다. 주가가 조금씩 하락할 때마다 매도하는 것을 '투자 방법 중 하나'라고 쉽게 이야기해서는 안 된다. 이러한 매도는 끝없는 후회를 불러오며, 이 후회는 투자 의사 결정에 영향을 미치는 인지 편향 가운데 가장 파괴적인 정서다.

투자자는 현재에만 존재하는 것이 아니다. 투자자는 과거 경험을 떨치지 못한다. 이것은 위험한 일이다. 전혀 유사점이 없는 대상을 나란히 놓고 끊임없이 비교하게 되기 때문이다. 투자자는 과거의 경험에 지나치게 의존해 미래 상황을 예측한다. 따라서 의사 결정을 할 때는 과거의 결정과 분리해 독립적으로 검토할 필요가 있다. 이 가설과 관련한 연구도 있었다. 뇌에 손상을 입었지만 IQ는 정상인 사람을 연구한 결과, 추론을 담당하는 영역에는 문제가 없었지만 감정을 관장하는 부분이 손상되었고 이것이 스트레스, 후회, 불안 등 일상적인 감정을 제한하는 것으로 나타났다. 〈월스트리트 저널〉은 2005년 다음과 같이 보도했다.

이 연구는 참가자의 감정적 반응이 결여되었을 때, 그것이 단순한 투자 게임에서 실제로 유리하게 작용한다는 것을 보여준다. 감정이 손상된 참가자는 두려움 없이 게임에 임했다. 반면 두뇌 회로가 손상되지 않은 참가자는 게임을 하는 내내 더 신중했고, 더 강렬하게 반응했으며, 게임이 끝난 뒤 남은 돈도 더 적었다.[3]

던졌을 때 60% 확률로 앞면이 나오는 동전이 있다고 가정하자. 네 번 연속 뒷면이 나왔다면 이제 매번 앞면에 베팅하는 것이 상식일 것이다. 그런데 이 사실을 알면서도 결국 다른 결정을 내리는 사람이 있다. 어떻게 베팅해야 하는지 알고 있지만 실제로 게임을 하다 보면 직전의 결과에 반응하고 마는 것이다.

인간에게는 사후 확신 편향이라는 것이 기본값으로 설정되어 있다. 실제로 아무런 단서도 없으면서 앞으로 일어날 일을 안다고 믿게 하는 것은 인간 소프트웨어의 결함이다. 사후 확신 편향은 후회로 이어지고 후회는 잘못된 의사 결정으로 이어진다. 후회는 두 가지 별개 방식으로 우리 두뇌를 조종한다. 첫째, 잘못된 결정을 내릴까 두려워 아무것도 하지 못하게 한다. '바닥에 팔았다고 생각하면 견딜 수 없을 거야. 수익률은 처참하지만 이 펀드를 계속 보유할 수밖에 없어.' 둘째, 아무것도 하지 않고 후회하느니 무엇이든 하라고 강요한다. '차기 비트코인을 놓치면 견딜 수 없을 거야. 이번 암호 화폐 공개(Initial Coin Offering, ICO)* 때 매수에 참여해야지.'

스티브 잡스와 그의 초창기 동업자인 스티브 워즈니악은 알아도 로널드 웨인이라는 이름은 낯설 것이다. 웨인은 애플의 세 번째 공동 창업자였지만 1976년 10% 지분을 800달러에 팔아치우며 역사책에서 이름을 지웠다.[4] 애플의 시가총액은 현재 9,000억 달러가 넘는다. 무엇보다 고통스러운 일이 되겠지만 우리는 이처럼 언젠가 환상적인 수익률을 안겨줄 투자 기회를 높은 확률로

---

* 암호 화폐를 발행해 자금을 조달하는 방법. 기업 공개(Initial Public Offering, IPO)와 유사한 개념이다.

지나친다. 이 게임에서 후회를 피할 수는 없다. 가지지 말았어야 할 것을 사고 보유했어야 할 것을 판다.

역사적으로 뛰어난 성공을 거둔 투자가 가운데 크리스 사카가 있다. 우리는 그를 통해 후회에 관한 거의 모든 것을 배울 수 있다. 그는 21세기의 어느 누구보다 더 큰 기회를 놓쳤다 해도 틀리지 않을 것이다. 기업 가치가 100억 달러 이상인 비상장 기업은 2017년 현재 단 여덟 개에 불과하다. 사카는 이 중 두 개를 지나쳤다.[5]

텐배거는 초기 투자금을 10배로 불리는 소위 10루타 투자를 가리킨다. 대부분 투자자는 건초 더미에서 이러한 바늘을 발견할 만큼 운이 좋지 못하다. 설령 발견하더라도 1달러를 10달러로 키울 수 있을 만큼 단련된 상태가 아닌 경우가 대부분이다. 탐욕을 품지 않고 급등세를 지켜보는 것이나 이익이 뜯겨나가는 현장을 지켜보는 것 모두 극도로 어려운 일이다.

텐배거 종목은 상장 시장public market의 유니콘이며, 비상장 시장 private market에는(특히 초기에는) 1,000루타 종목도 존재한다. 사카와 그의 투자자는 상장 시장과 비상장 시장의 투자 역사상 누구보다 많은 유니콘과 1,000루타를 경험했을 것이다.

사카는 초창기 벤처 캐피털 펀드인 로어케이스 캐피털의 설립자이자 회장이다. 그는 팀 페리스*와의 대화에서 자신의 첫 펀드가 "벤처 캐피털 역사상 가장 성공적인 펀드가 될 것"이라고 말했다.[6] 투자 원금의 250배를 벌었으니 그의 초기 투자자는 금맥을 찾은 셈이다. 돈을 250배 불린다는 것은 놀라운 업적이다. 쉽게 비교해 사상 최고 수준의 수익률을 기록한 주식 가운데 하나인 애플에 투자해 250배 수익을 올리려면 무려 1998년 2월에 그 주식을 샀어야 한다.

사카는 10년도 채 지나지 않아, 마흔 살도 되기 전에 억만장자가 되었다. 유니콘, 즉 10억 달러 가치로 성장할 비상장 기업을 찾는 데 능숙했기 때문이다.

로어케이스 캐피털은 우버의 최초 투자자 가운데 하나로 차량 공유라는 사업 개념에 30만 달러를 투자했다. 로어케이스 캐피털이 보유한 우버 지분 4%는 최근 펀드에 5,000배 수익을 안겨주었다.[7]

사카가 친 홈런 가운데는 우버, 인스타그램, 킥스타터, 슬랙, 오토매틱(워드프레스의 모기업), 트와일로를 비롯해 유명한 트위터가 있다. 트위터의 기업 공개 당시 사카와 그의 펀드는 총 18% 지분을 보유했다. 평가액 500만 달러였던 최초 투자금은[8] 2017년 현재 150억 달러로 불어나 수익이 3,000배에 달한다. 그는 트위터 투자로 무려 50억 달러 수익을 고객에게 돌려준 것으로 알려져 있다.[9] 그는 인스타그램 A주에 평가액 2,000만 달러를 투자

---

* 　미국의 작가, 팟캐스트 진행자, 기업가, 스타트업 투자가.

했다.[10] 페이스북이 이 지분을 10억 달러에 인수하면서 이번에는 '겨우' 50배 수익에 머물렀다.

사카는 네 가지 투자 원칙을 팟캐스트 방송인 '팀 페리스 쇼'에서 공개했다.

1. 자신이 결과에 직접적이고 개인적인 영향을 미칠 수 있어야 한다.
2. 자신이 관여하기 전에 이미 뛰어난 투자 대상이어야 한다. 좋은 것을 더 좋게 만들려 노력한다. 애초에 좋지 않은 것을 고치려 하지 않는다.
3. 부자가 될 때까지 충분한 시간을 두고 기다린다.
4. 자신이 스스로 뿌듯하게 여길 수 있는 거래를 선택하고 그 거래에 전념한다.[11]

미리 세운 절차에 따라 투자하며 굉장한 수익률을 내는 투자가라 하더라도 후회 없이 잠들기는 어렵다. 사카는 21세기를 통틀어 손꼽힐 만큼 성공한 벤처 기업 몇 곳에 투자할 기회가 있었다. 많은 기회를 잡았지만 안타깝게 지나친 기회도 있었다.

사카는 당시 구글에서 일하고 있었던 고프로 설립자 닉 우드먼을 만난 적이 있었다. 아직 직접 펀드를 운용하지 않았던 때지만 기회가 주어졌더라도 투자를 꺼렸을 것이다. 그는 페리스에게 이렇게 말했다. "구글의 CEO 에릭 슈미트가 말했죠. '이리 와서 앉아봐요. 설명을 들어봅시다. 친구의 친구가 우리더러 이 사람을 만나야 한다고 했어요.' 우드먼이 고프로를 가지고 들어왔습니다. 에릭은 '잘 모르겠다'는 태도였고 나는 어리석은 일이라고 생각했습니다. 산타크루즈 출신 남자가 아시아인이 만든 하드웨어를 상대로 어떻게 경쟁하겠습니까? 한국인이나 대만인과 비교가 안 되겠죠. 나는 가능성이 없다는 견해였고 그 남자를 돌려보냈습니다." 고프로는 2014년 상장했고 시가총액은 30억 달러에 가까웠다.[12]

고프로에 투자할 기회는 애초에 가지지 못했지만, 사카는 지난 10년간 특히 널리 알려졌으며 스토리도 풍부한 몇 개 사업에 대한 투자 역시 거절했다. "지나쳐버린 기회에 관한 악몽이 끊임없이 반복됩니다." 그는 드롭박스를 만났던 때를 떠올렸다. 드롭박스가 아직 와이 콤비네이터*의 초기 스타트업 프로그램에 참여하고 있을 때였다. 사카는 드롭박스가 드라이브라는 자체 파일 공유 서비스를 개발 중인 구글을 이길 수 있다고 생각하지 않았다. 심지어 드롭박스가 다른 길을 걷도록 조언하기까지 했다. 드롭박스가 사카의 조언을 받아들이지 않은 것은 행운이었다. 사카는 자신이 드롭박스에 투자하지 않기로 결정해 치른 비용이 "수억 달러"에 이를 것으로 추산한다.[13] 시가총액이 약 90억 달러에 이르는 드롭박스는 그의 경력에 남은 초대형 실수 중 하나다.

---

* 실리콘 밸리를 대표하는 스타트업 인큐베이터.

사카는 놓쳐버린 또 다른 기회에 관해 빌 사이먼스와 이야기를 나누었다. 바로 스냅챗의 모회사인 스냅이었다. 당시 스냅챗은 직장에서 보기에 안전하지 않은 사진을 주고받는 데 이상적인 애플리케이션으로 여겨졌다. 스냅챗(스냅이라고도 부른다)에서 보낸 이미지는 확인하고 몇 초 뒤 자동으로 사라진다. 스냅은 계속해서 새로운 기능을 개발했고 지금은 사라지지 않는 일련의 사진을 모아 '스토리'를 생성할 수 있다. 사카는 스냅의 잠재력을 보지 못하고 지나쳤다.[14] 이제 스냅챗은 온전한 소셜 미디어 혹은 메시지를 주고받는 애플리케이션으로 기능하며, 특히 Z세대 사이에서 광범위한 사용자 기반을 보유한다. 스냅은 2017년 상장했는데, 공모가를 기준으로 한 이 기업의 시가총액은 가슴 아프게도 240억 달러에 달했다.[15]

사이먼스가 물었다. "그것이 가장 크게 빗나간 판단이었나요?" 사카가 답했다. "저는 늘 빗나간 판단을 합니다. 에어비앤비의 경우 안전하지 못한 일을 한다며 공유 주택에서 강간과 살인 사건이 발생할 것이라고 말했습니다."[16] 에어비앤비의 현재 시가총액은 300억 달러가 넘는다.[17]

사카는 수많은 종목으로 성공을 거둔 만큼 놓친 기회에 대해서도 공개적으로, 솔직하게 말할 수 있다. 그는 방망이를 휘둘렀지만 타구가 빗맞은 경우, 또는 스트라이크 존으로 날아오는 공을 보고도 방망이를 휘두르지 않은 경우까지 게임의 일부라는 사실을 이해하고 있다. 그러나 평범한 우리는 차기 아마존을 알아보지 못하고 지나치거나 너무 빨리 팔아치웠을 경우 쉽사리 아물지 않는 처참한 상처가 남을 수 있다. 우리에게는 자주 오는 기회가 아니기 때문이다. 사카라면 놓친 기회를 검토하고 앞으로 나아갈 수 있지만 대부분의 투자자는 커다란 흉터를 얻은 채 주저앉는다.

후회는 감정의 극단과 밀접한 관련이 있고, 내재된 이익이나 손실이 클 때 우리는 감정의 극단에 이른다. 어떤 주식에 1만 달러를 투자했더니 투자금이 두 배로 불어났다. 이제 어떻게 할 것인가? 매도하고 현금을 보유하자니 돈을 낭비하는 일이 될까 두렵고, 보유하자니 이익이 증발할까 걱정된다. 어떤 주식에 1만 달러를 투자했더니 투자금이 절반으로 줄었다. 이제 어떻게 할 것인가? 매도하자니 지금이 저점인 것 같고, 보유하자니 얼마나 더 떨어질지 알 수 없다. 이런 포지션에 있는 투자자에게 나는 항상 같은 질문을 한다. '주식을 보유하다 반 토막이 나는 것'과 '매도한 다음 두 배로 뛰는 것을 보는 것' 중 어느 쪽이 더 기분 나쁘겠는가? 두 가지 모두 기분 나쁜 일이지만, 주식을 손에 쥔 채 그동안 쌓은 이익이 모두 사라지는 것을 지켜보는 쪽의 정신적 중압감이 더 클 것이다. 신중했을 뿐이라고 말하기는 쉽지만 매도하지 않는 것은 무책임한 일이다. 두 배로 오른 주식이 다시 두 배로 오를 것이라고 기대하며 보유하는 것은 스스로를 납득시키기도 어렵다.

앞으로 일어날 일을 알 수 없는 만큼 후회를 최소화하는 것이 중요하다. 현대 포트폴리오 이론의 실제 창안자인 해리 마코위츠는 후회가 자신의 자산 배분에 미친 영향을 다음과 같이 이야기했다. "나는 상승하는 시장에 속하지 못했을 때 느낄 고통을 상상해보았습니다. 하락하는 시장에 완전히 발을 담그고 있을 때 느낄 슬픔도 그려보았습니다. 내 의도는 후회하게 될 일을 최소화하려는 것이었습니다."[18]

커다란 이익이나 손실이 발생했을 때, 나중에 후회하게 될 일을 최소화하는 가장 좋은 방법은 일부를 처분해두는 것이다. 정확한 금액은 없다. 예를 들어 20%를 매도하면 뒤이어 주가가 두 배로 올라도 아직 80%는 보유하고 있으니 괜찮다. 반대로 주가가 반 토막 나더라도 일부는 팔았으니 괜찮다. 투자자는 '전부 아니면 전무'로 문제를 해결하려는 경향이 있지만 그렇게 할 필요는 없다. 절대적 사고는 후회로 끝날 것이 거의 분명하다. 후회를 최소화하면 장기적으로 성공적인 투자자가 될 가능성을 극대화할 수 있다.

마이클 배트닉
Michael Batnick

우리 모두는
같은 경험을 하고 있다

행동재무학이라는 유리창을 통해 세상을 보는 것은
자신, 고객, 자신의 사업에 대한 아주 몹쓸 짓이다.
그런데 사실 이 이론은 자신을 적나라하게 비추는 거울이기도 하다.

– 제이슨 츠바이크

이 책의 앞부분에서 나는 스탠리 드러켄밀러의 자기 실책 중 하나를 강조했다. 나야말로 수천 가지 자기 실책을 저질렀다. 과장이라고 생각할지 모르지만 그렇지 않다. 2012년에는 거래 수수료로 1만 2,000달러를 썼다. 그렇게나 빈번하게 매매를 했다니 믿기 어려울 정도다. 당시 나는 '투자'를 하고 있다고 생각했다. 다음 해에는 속도를 늦추고 천천히, 장기적으로 접근하면서 큰 그림에 집중하기로 했다. 나는 미국 주식시장이 32% 상승하는 1년 동안 1만 2,000달러 가까이 손실을 입었다. 나는 이 책에 등장하는 거의 모든 실수를 저질렀다.

나는 A(Alcoa)에서 Z(Zynga)에 이르는 기업의 주식, 국내 및 해외 주식 ETF, 채권, 통화 ETF, 원자재 ETF를 거래했다. '사고 과정thought process'이 항상 동일하지는 않았다. 존 메이너드 케인스처럼 거시 경제 요소의 조각을 모두 맞추려 했고, 벤저민 그레이엄처럼 미시적 수준에서 기업의 내재가치를 평가하려 노력했다. 나는 지나치게 자신만만했다. 내가 매수한 가격에 스스로를 옭아맸다. 이익이 나는 종목은 도중에 팔았고 손실이 나는 종목은 계속 보유했다. 나는 일생 동안 실수를 저질렀지만 운 좋게도 그 기간이 비교적 짧았다. 수십 년에 걸쳐 자신에게 적합한 전략을 찾아내는 투자자도 있지만 대부분이 그렇지 못하다. 나는 어떻게 단 몇 년이라는 기간으로 실패를 제한할 수 있었을까? 처음으로 돌아가 보자.

나는 상당수의 대가처럼 열한 살에 주식 투자를 시작하지 않았다. 고등학생 때 〈월스트리트 저널〉을 읽지도 않았고 기숙사에서 알고리즘 같은 것을 구축하지도 않았다. 사실 인생에서 가장 후회되는 것이 학업에 대한 내 태도다.

나는 고등학교를 진지하게 다니지는 않았지만 괜찮은 경영대학에 입학할 만한 SAT 점수를 받았다. 대학 생활은 힘에 부쳤다. 나는 무엇이든 마지못해 해왔고, 되돌아본 내 인생은 아무런 준비도 되어 있지 않았다. '준비를 위해' 아무것도 한 것이 없었기 때문이다. 나는 학교가 위치한 인디애나주에만 머물렀는데, 학업에 집중하지는 않았다. 수업에 들어가지 않으면 성적에 놀라운 일이 벌어진다. 첫 학기에 평점 1.2를 받았고 다음 학기에는 1.1을 받았다. 받아들일 수 없는 점수였다. 학교는 내게 휴식을 가진 후 다음 해에 다시 지원하라고 말했다.

나는 집으로 돌아와 1년간 지방 전문대학에 다녔다. 약간의 노력으로 성적을 올렸고, 다시 인디애나주로 가 3학년으로 복학했다. 그러나 나는 감정적으로든, 정신적으로든, 다른 무엇으로든 여전히 준비가 되어 있지 않았다. 미적분에서 낙제하면서 나는 제적당했다. 이번에는 타격이 컸다. 돌이켜보면 스무 살에 바닥을 친다는 것이 그렇게 끔찍한 일은 아니지만 당시에는 그야말로 면목이 없었다. 나는 다시 집으로 돌아왔고 이번에는 번복이 불가능했다. 나는 자동차 안에 앉아 아버지의 물음에 한마디도 대답하지 못한 채 눈물을 흘렸다. 아버지는 화를 내지 않았다. 그는 화내는 대신 실망했고, 나는 그것이 더 괴로웠다. 나는 내 생각을 알지 못했고, 지금도 여전히 그 답을 찾고 있다.

실패라는 현실이 나를 강타했다. 인생에서 처음으로 미래에 대해 생각했고 그 미래가 어떤 모습일지 궁금했다. 1년 반 늦게 경제학 학위를 받고 대학을 마쳤지만 그때까지도 어떤 일을 하며 살고 싶은지 아무런 생각이 없었다. 2008년, 미국인 수백만 명이 직장을 잃었다는 사실도 첫 직장을 결정하는 데 도움이 되지 못했다.

졸업 직후 나는 재무 설계 회사에서 일했다. 세상에서 제일 운이 좋은 사람 같았다. 대학 생활을 보기 좋게 망쳤지만 겉보기에는 멀쩡했다. 그러나 내가 서명했다고 생각한 일자리와 실제로 서명한 일은 전혀 달랐다. 나는 아는 사람이면 누구에게든 보험을 팔았고 모르는 사람 모두에게 콜드콜cold call, 즉 무작위로 전화를 돌려 영업을 했다. 1년 반 동안 나는 형편없는 경험을 했다. 월급은 전혀 받지 못했고, 월세(오타가 아니다!)를 지불해야 했으며, 재무 계획을 마련해주는 척하면서 보험 상품을 팔아야 했다. 여자 친구, 아버지, 나까지 보험을 계약했다. 그리고 그것이 전부였다. 18개월 동안 더 이상 아무 계약도 성사하지 못했다. 나는 큰 실수의 대가를 치르는 중이었고 그 후로도 몇 년 동안 수업료를 지불해야 했다.

보험회사에 다닐 때 아버지는 나를 진짜 재무 설계사에게 소개했다. 그는 나를 마음에 들어 했고 증권사의 보고서를 매일 보여주었다. 'PIIGS(포르투갈, 아일랜드, 이탈리아, 그리스, 스페인)'가 무엇을 뜻하는지 전혀 몰랐지만 자료를 읽는 것이 즐거웠고 내가 하고 싶은 일이 바로 이것이라고 생각했다. '이것'이 정확히 무엇인지는 알지 못했지만 '월가에서 일하고 싶다는 것'은 알았다. 그래서 일을 그만두고 필요한 공부를 하기로 했다. 매일 도서관에 가서 CFA 시험을 준비했고 재무 관련 책을 읽으며 잃어버린 시간을 만회하려 노력했다. 나는 집착했다. 내게는 사명이 있었다. 어떠한 일이 있어도 업계로 진출하는 길을 찾아야 했다. 하지만 쓰레기나 다름없는 이력서, 자유 낙하 중인 금융계, 죽어가는 어머니는 극복해야 할 문제였다.

2010년 나는 매일 아침 (아내가 된) 여자 친구를 기차역까지 운전해 데려다준 뒤 하루 종일 일했다. 업계에 대해 혼자 공부하며 언젠가는 쓰이게 될 무엇인가를 채우는 것이 내 일이었다. 나는 CFA 1차 시험을 통과했다. 꽤 기분 좋은 일이었다. 여기저기 이력서를 보냈지만 그것만으로는 부족했다. 모르는 사람에게 이메일을 보내고 사무실로 걸어 들어갈 만큼 대담했다면 좋았겠지만 그때는 아직 그만한 자신감이 없었다.

2011년 나는 CFA 2차 시험을 치렀다. 시험을 보면서 "이 시험장에 업계 경험이 전혀 없는 사람은 몇 명이나 될까?" 하고 혼잣 말을 했다. 태어나서 처음으로 나 자신이 자랑스러웠다. 학업을 장난으로 대했던 내가 고도로 집중하는 공부 기계가 된 것이다. 그러나 시험 시간 내내 고전했고 시험장을 나설 때 이미 합격하지 못할 것을 알았다. 며칠 뒤 어머니가 세상을 떠났다. 인생에서 가장 힘든 경험이었다.

어머니는 나와 형제에게 얼마의 돈을 남겼다. 나는 이미 잭 보글의《모든 주식을 소유하라The Common Sense Investing of Little Sense Investing》를 읽었고 지수 펀드 투자의 타당성에 크게 공감했다. 그러나 잭 슈웨거의《시장의 마법사들Market Wizards》역시 읽었고 차기 폴 튜더 존스가 될 수도 있다는 내용에 더욱 매료되었다.

2011년은 시장의 변동성이 믿을 수 없을 만큼 큰 시기였다. 나는 '롤러코스터처럼 요동치는 시장을 경험한 적 없는 합리적인 사람'이라면 누구나 했을 법한 방식으로 대응했다. 바로 3X 레버리지 ETF 매매를 시작한 것이다. 3X 레버리지 ETF는 복수의 개별 종목으로 구성한 주식 바스켓이며 기초 지수 일일 변동 폭의 세 배 수익을 추구한다. 이를테면 S&P500 지수가 1일 1% 하락할 때 3% 수익을 얻는 베어bear ETF와 3% 손실이 발생하는 불bull ETF가 그것이다. 이 매매는 스테로이드 호르몬이 작용하는 합법적인 도박이다. 나는 다음과 같은 과정을 거쳤다. 먼저 상품을 선택한다. 내가 선택한 무기는 FAZ*(은행주 약세에 베팅)였다. 매수하고 가격을 지켜보며 오르기를 바란다. 나는 잦은 매매로 운명을 통제할 수 있다고 생각했다. 나중에 알게 되었지만 이 심리는 '통제의 환상illusion of control**'이라는 용어가 따로 있을 만큼 흔한 인지 편향이었다. 나는 몇 분, 몇 시간 만에 사고팔기를 반복하는 것으로 시장의 인질이 되지 않을 수 있다고 생각했다. 말로 표현할 수 없이 어리석은 논리였다. 과잉 매매overtrading는 초보 투자자가 가장 흔히 저지르는 실수일 것이다. 나도 예외가 아니었다.

몇 달 뒤 일자리를 잡았다. 임시직이었지만 월급이 나온다는 것만으로도 기뻤다. 하지만 장중에 컴퓨터 앞에 앉을 수 있는 사치는 허락되지 않았기에 나는 옵션 투자로 방향을 바꾸었다. 당시 나는 넷플릭스에 대해 회의적이었다. 넷플릭스의 스트리밍 서비스는 어딘가 뒤떨어진다고 생각했고, 스트리밍과 실물 DVD 대여로 사업 부문을 분리한 것도 이해하지 못했***. 나는 넷플릭스의 실적 발표 예정일보다 며칠 앞서 풋옵션을 샀다. 넷플릭스 주가는 단 하루 만에 35% 하락했고 나는 투자금의 열 배 이상을 벌었다. 나는 주간 옵션**** 상품에 빠져 있었는데, 옵션을 매수하기만 하고 매도하지 않았던 것이 문제였다. 만기까지 보유한 옵션 가운데 76%가 가치를 잃고 소멸했다.[1] 상황을 파악하는 데는 그

---

*   디렉시온 데일리 파이낸셜 베어 3X 셰어스의 종목 코드.

**   통제가 불가능하거나 통제할 권한이 없는 대상을 통제할 수 있다고 믿는 심리를 가리킨다.

*** 1997년 설립된 넷플릭스는 1998년 온라인 DVD 대여 및 판매를 시작했고 1999년 저렴한 월 이용료로 DVD를 무제한 대여할 수 있는 서비스를 제공했다.

****매주 목요일 발행되어 그다음 주 금요일에 만기가 도래하는 옵션을 일컫는다.

리 오랜 시간이 걸리지 않았다. 나는 비교적 빨리 옵션시장에서 기권했다.

임시직 근무 기간이 끝난 뒤 나는 도서관으로 돌아가 책을 읽고 공부를 했지만, 대부분 시간에는 트레이딩을 했다. 나는 무엇이든 닥치는 대로 했다. 기술적 분석에 관한 책을 읽었고, 전통적인 밸류에이션 방법을 공부했으며, 비농업 부문 취업자 수nonfarm payrolls 같은 경제 지표를 다루는 금융 관련 TV 프로그램을 시청했다. 혼란스러운 과정이었다. 시장을 이기려는 시도는 헛수고로 끝났고 점차 보글에게 다른 속셈이 있었다는 생각이 들었다. 트위터가 아니었다면 그렇게 빨리 깨닫지 못했을 것이다. 나는 유명 투자가의 트윗을 들여다보며 그들의 주문을 따라 했고, 시장이 불리하거나 유리하게 움직일 때 그들이 어떻게 반응하는지를 지켜보면서 트레이딩 세계에 깊이 빠져들었다.

얼마 지나지 않아 그들 대부분이 허풍을 떨고 있다는 사실을 알게 되었다. 한심하고 서글펐다. 나 같은 초보자가 보기에도 정반대의 상황이 벌어지고 있는 것이 너무나 명백한데 그들은 시장을 이기는 척 연기를 하고 있었다. 시장에 자신의 인생을 쏟아붓고 결국 바보 취급을 당하는 모습을 매일 목격했다. 나는 시장을 움직일 가능성이 있는 모든 사건에 주목했고, 설령 내일 뉴스를 오늘 안다 하더라도 시장이 어떻게 반응할지 지속적으로 파악하는 것은 불가능하다는 사실을 인식했다. '깨달음의 순간'이 있었다기보다 이 게임이 얼마나 어려운 것인지를 계속해서 실감하고 이해해왔다고 하는 편이 맞을 것이다. 전설적 금융가 버나드 바루크는 이렇게 말했다.

> 다른 모든 것을 기꺼이 포기하고 시장의 전체 역사와 배경 및 시장에 상장된 모든 주요 기업을 마치 의대생이 해부학을 공부하듯 신중하게 연구하기를 불사한다면, 그리고 이 모든 것을 할 수 있고 거기에 더해 도박사의 냉정함, 천리안적인 육감, 사자의 용기까지 갖춘다면 아주 조금은 가능성이 있다.[2]

나는 시장에 대한 흥미를 잃었고, 과거 실수로 인해 대가를 치르고 있다는 생각을 멈출 수 없었다. 그러던 어느 날 이메일 한 통을 받았다. 친구가 대형 자산운용사의 법인지원팀 일자리 면접을 주선해주었다. 내게 기회가 주어졌다.

내게는 늘 비논리적인 자신감이 있었다. 비논리적이라고 말하는 것은 자신감이 생길 만큼 무엇을 해본 적이 없기 때문이다. 그래도 기회만 있다면 좋은 인상을 줄 수 있다고 자신했다. 그 기회가 마침내 온 것이다. 나는 팀의 누군가를 만났고 일은 잘 진행되었다. 나는 열의에 넘쳤고 회사 측 인사는 내가 벌써 그 일을 맡기라도 한 듯 다음 단계는 형식적 절차일 뿐이라고 이야기했다. 그는 나를 상사에게 데려갔고 순조로운 대화가 이어졌다. 그는 내게 법인지원팀에서 일하고 싶은 이유가 무엇인지 물었다.

잘 모르는 독자를 위해 설명하자면, 법인지원팀은 법인영업팀을 뒤에서 지원하는 역할을 한다. 법인영업팀은 기관의 자산 운용자를 만난다. 기관의 포트폴리오에 우리 상품이 포함되어야 하는 이유를 설명하는 것이 법인영업팀의 일이다. 법인지원팀은 후선에서 법인영업팀의 일정을 관리하고 그들의 오른팔 역할을 한다.

인사부장이 법인지원팀에서 일하려 하는 이유가 무엇인지 물었을 때 나는 요점이 한참 빗나간 대답을 하고 말았다. "나는 시장을 좋아하고, CFA가 되기 위해 공부를 한 만큼 이 일을 맡을 준비가 되어 있습니다"라고 답했다. "잠깐만, 뭐라고요?" 그가 말했다. "CFA 공부는 왜 하고 있죠?" 이렇게 기회가 날아갔다. CFA는 법인지원팀이 아니라 애널리스트에게 필요한 자격이니 엉뚱한 자리에 지원한 것이었다. 나는 좌절했다. 업계에 진입할 기회를 얻기 위해 CFA 자격이 필요하다고 생각했지만 그것이 결국 업계 진입을 막은 셈이었다.

나는 도서관으로 돌아와 트레이딩을 하고, 투자하고, 읽고, 희망했다. 이때 나는 거의 자신을 속이고 있었다. 시장을 이길 수 없다는 사실을 알면서도 달리 어떻게 해야 할지 몰라 시도를 계속했다. 나는 금융계에 아는 사람이 많지 않았고, 아는 사람이 있다 하더라도 고용시장이 잔뜩 얼어붙은 상황에서 딱히 내세울 만

한 장점이 없었다. 몇 달 뒤 또 다른 기회가 주어졌다. 이번에는 할인 증권사discount brokerage*였다. 맡게 될 일은 완벽하게 들렸고 나는 잔뜩 들떴다.

면접은 순조로웠고 하루 뒤 면접관으로부터 전화를 받았다. 그는 내가 수개월간 듣고 싶었던 말을 해주었다. "경험은 많지 않지만 마음에 들었습니다. 당신의 가능성을 믿어보죠." 나는 구름 위를 걷는 기분이었다. 그리고 다시 무너졌다. 이력서가 인사부로 넘어갔고, 인사부는 내게 전화를 걸어 신용 조사 보고서에 나타난 '흠집'에 관해 물었다. 무슨 영문인지 몰랐지만 나는 이유를 알아보겠다고 답했다. 인디애나주에서 대학을 다닐 때 나는 내 몫의 집세를 부담하며 공동으로 집을 사용했다. 학교에 다니면서 웨이터로 일해 번 돈으로 매달 월세를 냈고 그 일에 관해서는 잊고 지냈다. 그런데 알고 보니 룸메이트 중 하나가 일부 파손된 부분을 변상하지 않아 그것이 내 신용 보고서에 기록으로 남았던 것이다. 문제를 파악하느라 며칠이 지나는 동안 나를 채용하기로 한 담당자가 다른 회사로 이직했다. 새 담당자가 연락을 할 것이라 했지만 그것으로 끝이었다. 나는 큰 상처를 입었다.

도서관으로 돌아왔다. 내가 현실을 직시하지 못하는 것은 아닌지 의문이 들기 시작했다. 애초에 금융계에서 일할 운명이 아니었

---

*   증권회사는 취급 업무에 따라 종합 증권사(full-service broker)와 할인 증권사(discount broker)로 구분된다. 할인 증권사는 단순 중개 업무를 수행하며 저렴한 수수료가 특징이다.

마이클 배트닉

는지도 몰랐다. 나는 생각했다. '네가 뭐라고 모두를 제치고 선두에 설 수 있다고 생각하지? 철 좀 들어. 툭툭 털고 가자.' 다른 직업은 어떨지 생각해본 적도 없었지만, 정신적으로 거의 포기 상태였다. 나는 평생 학업을 멀리한 대가를 여전히 치르고 있었다.

세 번째 기회가 찾아왔다. 이번에는 금융계가 아니었지만 일자리 없이 이미 2년을 보낸 상황이었기에 정말로 상관없었다. 나는 내 삶을 꾸려나가고 싶을 뿐이었다. 면접관은 내가 무엇을 해왔는지, 그리고 어째서 그렇게 오랫동안 일을 하지 않았는지 물었다. 나는 내 상황을 설명했고, 옵션 거래는 신중해야 한다는 조언과 함께 돌아가도 좋다는 말을 들었다. '면접'은 약 3분이 걸렸다. 며칠 뒤 이메일이 왔다. 매디슨 스퀘어 가든(뉴욕 닉스 홈 경기장)에서 뉴욕 닉스 대 마이애미 히트의 3차전을 관람하던 중이었다. 자리에 앉아 이메일을 확인했다. "아쉽지만 죄송합니다. 행운을 빕니다." 앞서 두 경기를 연속으로 패한 닉스는 세 번째 경기도 지고 있었다. 나는 갑자기 집에 가고 싶어져 그곳에서 나왔다.

늦은 밤, 나는 롱아일랜드 철도를 타고 블랙베리 단말기에 고개를 파묻은 채 손가락으로 화면을 훑으며 트위터를 보고 있었다. 구독하는 계정 중 가장 좋아하는 조시 브라운의 트윗이 보였다. "조 크래비츠가 성인이 되고 프랜시스 빈 코베인이 10대가 되는 6년 뒤에는 우리도 조금 더 나이가 들어 있겠지*." 5년 전 올라온 트윗이었다. 리트윗 1, 리플라이 1, 좋아요 0이었지만 이 트윗은 내게 각인되었다. 기차가 역으로 들어설 때 휴대 전화기 전원이 나갔다. 이렇게 자세히 묘사하는 것은 그만큼 중요한 순간이기 때문이다. 만일 휴대 전화기 전원이 나가지 않았다면 나는 여전히 고개를 파묻고 걸으며 내 인생의 경로를 완전히 바꿀 한 사람이 곁을 지나쳐 가는 것도 까맣게 몰랐을 것이다. 그 순간 조시가 스쳐 지나갔고 나는 그대로 얼어붙었다. 기다려온 순간이었다. 기회는 그렇게 수월하게 찾아왔다.

나는 조시의 어깨를 살짝 두드렸고, 그는 친절하게도 내게 몇 분의 시간을 내주었다. 나는 그에게 내 상황을 설명했다. 그는 명함을 주며 다시 연락하라고 했다. 나를 태우려고 기다리던 아내가 물었다. "누구예요?" "조시 브라운. 내가 말한 그 트위터 계정." 아내가 이해하기 쉽도록(아내는 리얼리티 프로그램의 열렬한 시청자다) "나한테는 베서니 프랭클린**이나 마찬가지인 사람"이라고 대답했다.

몇 주 뒤, 조시는 자신과 배리가 직원을 채용하고 있다는 글을 블로그에 올렸다. 나는 그에게 이메일을 보냈다. 우리는 마음이 잘 맞았다. 세상 누구와도 일할 수 있는 기회가 주어진다면 주저하지 않고 선택할 사람이 바로 조시였고, 나는 그에게 고용되었

---

* 미국의 가수 레니 크래비츠의 딸 조 크래비츠(배우)는 1988년생이고 그룹 너바나(Nirvana) 출신 커트 코베인의 딸 프랜시스 빈 코베인(시각 예술가, 모델)은 1992년생이다.
** 리얼리티 쇼 출신의 스타 방송인.

마이클 배트닉

다. 조시, 배리와 함께 일을 시작한 2012년, 그들은 약 5,000만 달러를 운용하고 있었으며 그 둘과 보조원 한 명이 직원의 전부였다. 5년이 지난 지금 나는 기업의 지분 일부를 소유하고 있다. 우리는 7억 달러를 운용하고 있으며 직원은 20명에 달한다.

많은 사람이 자신의 성공을 운으로 돌린다. 그러나 그것이 크게 부풀어 오른 자아를 가리는 가짜 겸손이라면 누구나 알아챌 수 있을 것이다. 나는 정말로 운이 좋아서 지금의 위치에 있게 되었다. 그것은 분명하다. 물론 스스로 운을 만들었다. 나는 조시에게 다가갔다. 내게 도박을 걸 만한 가치가 있다는 것을 증명하기 위해 몇 달, 몇 년 동안 시장을 공부했고 충분한 지식을 쌓았다. 그러나 채용 담당자에게 CFA 시험을 준비하고 있다는 말을 하지 않았다면, 내 신용 조사 보고서에 흠집이 없었다면, 닉스가 대패하지 않았다면, 그리고 조시가 밤 11시에 같은 기차를 타지 않았다면 나는 틀림없이 이 책을 쓰고 있지 못했을 것이다. 지금 이 자리에 있게 된 것이 엄청난 행운 덕분이라는 사실에는 의심의 여지가 없다.

나는 인생에서뿐만 아니라 시장에서도 다양한 방법으로 실패할 수 있다는 것을 배웠다. 내가 저지른 실수 가운데 '가장 큰 실수' 하나를 고르기는 어렵다. 트레이딩을 하며 제대로 한 일이 단하나뿐이기 때문이다. 바로 손절이다. 나는 계좌의 1%를 초과하는 손실은 허용하지 않았다. 시장에서 배운 교훈 가운데 내가 특히 강조하고 싶은 것은, 몇 개월이나 몇 년 안에 갚아야 할 빚이 있다면 투자를 해서는 안 된다는 것이다.

나는 큰 비용을 지출해야 할 두 가지 일을 앞두고 있었다. 2013년 12월에 결혼을 하고 그 1~2년 뒤에 집을 살 계획이었다. 나는 현금을 쌓아두고 싶지 않았기 때문에 필요한 자금을 따로 떼어놓는 대신 전부 투자에 집어넣었고, 헤지 차원에서 S&P500 지수를 공매도해 80% 순매수 포지션을 만들었다. 이것은 현명한 방법이 아니었다. 시장은 우리의 목표에 관심이 없다. 시장은 당신이 5년 뒤 은퇴를 한다는 사실도, 자녀가 언제 대학에 가는지도, 그리고 내 경우처럼 언제 결혼을 하는지도 알지 못한다.

나의 투자 영웅 가운데 한 사람인 피터 번스타인은 이렇게 말했다. "실수는 과정에서 필연적인 부분입니다(https://www.youtube.com/watch?v=MKcZtvwch1w)." 더할 나위 없이 옳은 말이다. 나는 투자와 인생에서 수많은 실수를 저질렀지만 그래도 괜찮다고 생각한다. 투자와 인생 양쪽에서 모두 노력했지만 어느 쪽에서도 완벽한 역사를 이루지 못했다. 앞으로 커다란 손실이 발생하거나, 일찌감치 팔아치우고 싶거나, 어떻게든 본전이라도 회복하고 싶을 때는 모두가 같은 경험을 하고 있다는 사실을 기억해야 한다. 평범한 투자자는 실수에 주저앉지만 위대한 투자가는 실수를 통해 배우고 성장한다. 평범한 투자자와 최고 투자가의 차이가 바로 여기에 있다.

마이클 배트닉

겁먹은 투자자에게 건네는 용기 사탕

사람은 살면서 누구나 실수나 실패를 합니다. 처음부터 완벽한 사람은 없기 때문입니다. 갓난아이들도 수도 없이 넘어지다가 비로소 일어나 두 발로 걷게 됩니다. 그런 의미에서 어쩌면 실수나 실패란 정말 재수가 없어서 나에게만 들이닥친 특별한 불행이 아니라, 누구나 필연적으로 겪을 수밖에 없는 정상적인 과정인지도 모릅니다. 하지만 실패하는 바로 그 순간에는 무척이나 아프게 느껴집니다. 그럴 때 어른들은 젊은이들에게 이렇게 말합니다. "아프니까 청춘이다." 정말 인정머리라고는 눈곱만큼도 찾을 수 없는 냉정한 말입니다. 그래서 어쩌란 말입니까? 이런 조언이 젊은이들에게 진정성 있게 들릴 리가 만무합니다. 왜냐하면 진짜로 아프기 때문입니다. 그리고 계속 아플까 봐 겁나기 때문입니다. 그럴 때 몇 살이라도 더 먹은 형들은 이렇게 말합니다. "말도 안 돼, 아픈 게 어떻게 청춘이냐? 아프면 환자지." 그렇습니다. 아프다고 말하고 싶고, 그래서 위로받고 싶은 게 인지상정일 겁니다. 차라리 어른들이 이렇게 말했다면 위안이 되었을 겁니다. "나도 네 나이 때 참 많이 아팠단다. 그래, 정말 무서웠지. 마음껏 울어도 괜찮아. 이리 와라, 안아줄게."

투자 실패로 자살했다는 뉴스가 심심찮게 나옵니다. 주식 투자로 큰 손실을 보았다는 소식도 자주 들립니다. 그래서 어른들은 절대로 주식 투자를 하지 말라고 말립니다. 주식 투자하는 놈한테는 딸을 줄 생각도 없다고 합니다. 혹시라도 남편이 주식에 투자할까 봐 아내는 노심초사 걱정입니다. 그래서 남편은 배당금 통지서가 아내 손에 들어가서 잔소리 들을까 봐 전전긍긍합니다. 투자자는 실패가 많이 두렵습니다. 왜냐하면 단 한 번의 실패로 가족들이 고생할 수도 있기 때문입니다. 이런 상황은 동서고금을 막론하고 똑같았나 봅니다. 가치투자의 아버지이자 월가의 스승인 벤저민 그레이엄도 대공황 시절에는 남의 돈을 포함해서 무려 70%의 투자 손실을 보기도 했습니다. 심지가 굳지 않았다면 비참한 최후를 맞이했을지도 모릅니다. 절치부심(切齒腐心), 와신상담(臥薪嘗膽)의 심정으로 피눈물을 흘리며, 다시는 이런 실패를 하지 않겠다며 생각해낸 방법론이 '가치투자'이며 그 핵심 개념은 '안전마진'인 것입니다. 그렇습니다. 말하자면 가치투자는 투자 실패의 산물인 셈입니다. 그리고 투자 실패를 극복하는 비결은 바로 안전마진을 확보하는 것입니다.

그레이엄의 가르침 중에서 특히 워런 버핏이 손꼽는 부분은

《현명한 투자자》의 20장에 소개된 안전마진입니다. 제가 다른 책에서도 언급한 바 있지만, 이 부분은 너무 중요하기 때문에 다시 한번 소개합니다. 그레이엄은 '기업의 수익력이 채권수익률을 훨씬 초과할 때' 주식의 안전마진이 확보된다고 정의하고 있습니다. 다시 말하면 채권자에게 이자를 지급하고도 남는 이익이 존재해야 주주에게도 수익이 발생한다는 의미입니다. 설령 불경기 등의 사유로 기대 이하의 실적이 나오더라도 최소한 채권수익률 이상의 수익성이 있다면 안전마진을 확보했다고 보는 것입니다. 철저하게 '높은 수익성'을 지닌 우량 기업에 주목하고 있는 것입니다. 그런데 우량 기업이 아니더라도 워낙 '저렴한 주가'에 매수할 수 있다면 예외적으로 안전마진을 확보한 것으로 간주할 수 있다고 보았습니다. 좀 더 자세히 알고 싶은 독자는 《현명한 투자자》의 20장을 참고하기 바랍니다.

이 책에는 여러 투자 대가들의 실패담을 소개하고 있습니다. 와우, 우리만 바보같이 실수를 했던 게 아니었습니다. 대가로서 존경받는 분들도 한때는 정말 남부끄럽고 도저히 이해할 수 없는 실수를 했다는 겁니다. 그들도 우리처럼 완벽하지 못한 인간이었군요. 이 책은 실수나 실패를 어떻게 극복하고 해결했는지, 그래서 다시는 실패하지 않기 위해 어떻게 보완했는지, 그래서 결국 어떻게 성공적인 투자를 이끌어냈는지에 대한 방법 또는 기법을 소개하고 있지는 않습니다. 오히려 나만 바보처럼 실수나 실패를 한 게 아니라는 점에서 위안을 받고 용기를 낼 수 있다면 그것으로 이 책의 값어치는 충분하다고 생각합니다. 수많은 사례들의 구체적인 해결책은 어차피 '케바케(case by case)'라서 얇은 책 한 권에 담기에 역부족일 겁니다. 그리고 그 답이란 것도 결국은 투자자 자신이 스스로 찾아내야 할 과제입니다. 잘 마무리되기를 기대했지만 결국은 극복하지 못하고 자살로 생을 마감한 제시 리버모어의 사례는 특히 안타깝습니다. 우리의 마지막 모습이 제발 그렇게 되지 않길 기도합니다. 젊은이들에게 어른의 냉정한 충고보다 형의 따뜻한 말이 위안이 되는 것처럼, 이 책은 투자에 많이 서툴고 아직도 배울 게 더 많이 남아 있는 유명하지 않은 사람이 쓴 책입니다. 그런 의미에서 더욱 진정성 있게 느껴집니다. 투자 대가들의 냉정한 조언이 담긴 책을 읽은 후에, 머리로는 따라 하고 싶지만 마음으로는 도저히 공감하지 못하는 분들도 많을 겁니다. 그런 보통의 투자자들에게 "걱정 마, 친구야"라고 위로하며 안아주는 책입니다.

존경하는 많은 위인들이 실수와 실패에 관해 훌륭한 명언을 많이 남겼습니다. 그중 인상 깊었던 몇 가지를 소개하면 다음과 같습니다. "실패는 성공의 어머니(토머스 에디슨), 실패는 성공의 지름길(잭 웰치), 실패에 실패를 거듭하다 보면 성공(윈스턴 처칠), 실패는 성공으로 가는 디딤돌(데일 카네기), 실패는 성공을 맛내는 양념(트루먼 커포티), 실수는 발견의 시작(제임스 조이스), 실패는 신선한 자극(토머스 사우전)." 이분들도 한때는 너무나 아픈 실수와 실패를 많이 겪었고, 그런 경험에서 우러난 깨달음이 있었기에 이렇게 촌철살인의 명언을 남겼을 겁니다. 그리고 어쩌면 자신들도 통렬하게 실수와 실패를 거듭할 수밖에 없었다는 자기 고백이자 변명일 겁니다.

이 책을 읽고 반드시 건져야 할 하나가 있다면 그것은 바로 용기라는 단어일 겁니다. '슈돌'에서 나은이가 겁먹은 친구들에게 쥐여준 '용기 사탕'을 여러분께 드리겠습니다. 여러분 많이 힘드시죠? 그래도 힘내세요. 마지막으로 우리에게 깊은 지혜와 통찰을 전해주는 만화 '심슨 가족'의 한마디를 인용하며 감수 후기를 마칩니다. "모든 사람은 실수를 하지. 그래서 연필 뒤에 지우개가 달려 있는 거라고."

신진오(밸류리더스 회장)

1장. 벤저민 그레이엄

1. Benjamin Graham and David L. Dodd, 《증권분석(Security Analysis)》 (New York: McGraw-Hill Education, 2008).
2. Jason Zweig, "A Note about Benjamin Graham," in 《현명한 투자자(The Intelligent Investor)》 by Benjamin Graham (New York: HarperBusiness, 2003), xi.
3. Graham and Dodd, 《증권분석》.
4. Warren Buffett, "Preface to the Fourth Edition," in 《현명한 투자자》.
5. Roger Lowenstein, 《버핏(Buffett: The Making of an American Capitalist)》 (New York: Random House, 2008)에서 인용.
6. Rupert Hargreaves, "Why Charlie Munger Hates Value Investing," *Nasdaq.com*, April 13, 2017에서 인용.
7. Graham and Dodd, 《증권분석》.
8. Benjamin Graham, "Securities in an Insecure World" (speech given at TownHall at St. Francis Hotel, San Francisco, CA, November 15, 1963).
9. Graham and Dodd, 《증권분석》.
10. 같은 책.
11. Benjamin Graham, 《현명한 투자자(The Intelligent Investor)》 (New York: HarperBusiness, 2003).
12. New York Stock Exchange, "Daily Share Volume 1930 - 1939."
13. Ycharts를 기반으로 저자가 계산함.
14. Roger Lowenstein, "Introduction to Part I," in 《증권분석》 6판.
15. Irving Kahn and Robert D. Milne, 《Benjamin Graham: The Father of Financial Analysis》 (Charlottesville, VA: Financial Analysts Research Foundation, 1977).
16. John Train, 《대가들의 주식투자법(Money Masters of Our Time)》 (New York: HarperBusiness, 2003).

17. Benjamin Graham, "Inflated Treasuries and Deflated Stockholders," *Forbes*, June 1, 1932.

18. 같은 글.

19. Kahn and Milne, 《Benjamin Graham》, 42.

20. Benjamin Graham and Jerome A. Newman, 그레이엄-뉴먼 코퍼레이션 주주 서한, January 31, 1946.

21. 같은 글.

22. Lowenstein, 《버핏》.

23. Jason Zweig, "A Rediscovered Masterpiece by Benjamin Graham," JasonZweig.com, March 31, 2015.

24. Benjamin Graham, "A Conversation with Benjamin Graham," *Financial Analysts Journal* 32,no. 5 (September/October 1976): 20 – 23.

25. "Legacy of Benjamin Graham: The Original Adjunct Professor," Heilbrunn Center for Graham and Dodd Investing, Columbia Business School, February 1, 2013.

2장. 제시 리버모어

1. Daniel Kahneman, 《생각에 관한 생각(Thinking, Fast and Slow)》 (New York: Farrar, Straus and Giroux, 2013).

2. Tom Rubython, 《Jesse Livermore – Boy Plunger》 (Dorset, England: Myrtle Press, 2015), 24.

3. 같은 책, 49.

4. 같은 책, 51 – 53.

5. Edwin Lefevre, 《제시 리버모어의 회상(Reminiscences of a Stock Operator)》 (Hoboken, NJ: Wiley, 2006).

6. Rubython, 《Jesse Livermore》, 61.

7. Lefevre, 《제시 리버모어의 회상》.

8. 같은 책.

9. Rubython, 《Jesse Livermore》, 169.

10. 같은 책.

11. 같은 책.

3장. 마크 트웨인

1. Meena Krishnametty, "David Einhorn Told You to Buy GM," MarketWatch.com, December 20, 2012에서 인용.
2. J. P. Morgan, "The Agony and the Ecstasy," 《Eye on the Market: Special Edition》, September 2014.
3. Richard Zacks, 《Chasing the Last Laugh》 (New York: Doubleday, 2016).
4. Peter Krass, 《Ignorance, Confidence, and Filthy Rich Friends》 (Hoboken, NJ: Wiley, 2007).
5. Zacks, 《Chasing the Last Laugh》, 3.
6. 같은 책, 14.
7. Elston Electric Company, "Mark Twain and the Telephone," OldTelephones.com, May 29, 2012에서 인용.
8. 같은 글.
9. Krass, 《Ignorance, Confidence, and Filthy Rich Friends》, 91.
10. Zacks, 《Chasing the Last Laugh》, 6.
11. Krass, 《Ignorance, Confidence, and Filthy Rich Friends》, 197.
12. 같은 책, 201.
13. Zacks, 《Chasing the Last Laugh》, 67 – 70에서 인용.

4장. 존 메리웨더

1. Patricia K. Cross, "Not Can, But Will College Teaching Be Improved?," *New Directions for Higher Education* 17 (1977): 1 – 15.
2. Charles D. Ellis, "The Loser's Game," *Financial Analysts Journal* 31, no. 4 (July/August 1975): 19 – 26.
3. Michael Lewis, "How the Eggheads Cracked," *New York Times Magazine*, January 24, 1999.
4. Janet Lowe, 《찰리 멍거 자네가 옳아!(Damn Right! Behind the Scenes with Berkshire Hathaway Billionaire Charlie Munger》 (New York: Wiley, 2000).
5. Roger Lowenstein, 《천재들의 머니게임(When Genius Failed)》 (New York: Random

House, 2000).

6. Carol Loomis, "A House Built on Sand," *Fortune*, October 26, 1998.

7. Lowenstein, 《천재들의 머니게임》.

8. Edward Chancellor, 《금융투기의 역사(Devil Take the Hindmost)》 (New York: Penguin, 1999).

9. Lowenstein, 《천재들의 머니게임》.

10. Loomis, "A House Built on Sand."

11. Lowenstein, 《천재들의 머니게임》.

12. 같은 책.

13. Roger Lowenstein, "Long-Term Capital Management: It's a Short-Term Memory," *New York Times*, September 7, 2008.

14. Lewis, "How the Eggheads Cracked."

15. Chancellor, 《금융투기의 역사》.

16. Peter Truell, "Fallen Star Manager," *New York Times*, September 9, 1998.

17. Lowenstein, 《천재들의 머니게임》.

18. 같은 책.

19. Lowenstein, "Long-Term Capital Management."

20. Lowenstein, 《천재들의 머니게임》.

21. 같은 책.

22. 같은 책.

23. Lowenstein, 《천재들의 머니게임》에서 인용.

24. Nassim Taleb, 《행운에 속지 마라(Fooled by Randomness)》 (New York: Random House, 2004).

25. Jim Cramer, "Einstein Has Left the Building," TheStreet.com, September 3, 1998.

5장. 잭 보글

1. Credit Suisse, "Looking for Easy Games," January 4, 2017.

2. Morningstar, "Recommendations for Fund Companies Not Named Vanguard," December 27, 2016.

3. John C. Bogle, "The Professor, the Student, and the Index Fund," johncbogle.com,

September 4, 2011.

4. Vanguard, "Reflections on Wellington Fund's 75th Birthday," 2006.

5. 같은 글.

6. Adam Smith, 《슈퍼 머니(Supermoney)》, John C. Bogle 서문(Hoboken, NJ: Wiley, 2007).

7. John C. Bogle, 《The Clash of the Cultures》 (Hoboken, NJ: Wiley, 2012).

8. Institutional Investor, "The Whiz Kids Take Over," January 1968.

9. Bogle, 《The Clash of the Cultures》, 262.

10. Michael Regan, "Q&A with Jack Bogle: 'We're in the Middle of a Revolution,'" Bloomberg.com, November 23, 2016.

11. John Brooks and Michael Lewis, 《The Go-Go Years》 (Hoboken, NJ: Wiley, 1999), 128.

12. Bogle, 《The Clash of the Cultures》, 272.

13. Smith, 《슈퍼 머니》.

14. 같은 책.

15. Bogle, 《The Clash of the Cultures》, 272.

16. Smith, 《슈퍼 머니》.

17. 같은 책.

18. John C. Bogle, "Lightning Strikes," *Institutional Investor* 40, no. 5 (Special 40th Anniversary Issue, 2014): 42 – 59에서 인용.

19. Bogle, 《The Clash of the Cultures》, 278.

20. 같은 책.

21. Ali Masarwah. "Indexing, Vanguard Drove Global Fund Flows," Morningstar.com, February 4, 2017.

6장. 마이클 스타인하트

1. Alice Schroeder, 《스노볼(The Snowball)》 (New York: Bantam, 2009).

2. Michael Steinhardt, 《No Bull: My Life In and Out of Markets》 (Hoboken, NJ: Wiley, 2004), 5.

3. 같은 책, 199.

4. 같은 책, 243.

5. 같은 책, 179.

6. Wyndham Robertson, "Hedge Fund Miseries," *Fortune*, May 1971, 269.

7. Steinhardt, 《No Bull》, 221.

8. 같은 책, 222.

9. Lowenstein, 《천재들의 머니게임》.

10. Steinhardt, 《No Bull》, 238.

11. Stephanie Strom, "Top Manager to Close Shop on Hedge Funds," *New York Times*, October 12, 1995.

12. Michael Batnick, "Distractions Cost Investors 115%," *The Irrelevant Investor*, August 10, 2016.

7장. 제리 차이

1. Zhen Shi and Na Wang, "Don't Confuse Brains with a Bull Market: Attribution Bias, Overconfidence, and Trading Behavior of Individual Investors," EFA 2010 Frankfurt Meetings paper, September 4, 2013.

2. Brooks and Lewis, 《The Go-Go Years》, 113.

3. Adam Smith, 《머니 게임(The Money Game)》 (New York: Vintage, 1967).

4. Lowenstein, 《버핏》.

5. Brooks and Lewis, 《The Go-Go Years》, 211.

6. Smith, 《머니 게임》.

7. Brooks and Lewis, 《The Go-Go Years》, 5.

8. Smith, 《머니 게임》.

9. Lowenstein, 《버핏》.

10. Brooks and Lewis, 《The Go-Go Years》, 135.

11. New York Times, "Fidelity Capital Shows Wide Gains," July 7, 1961.

12. 존 보글이 《슈퍼 머니》에 쓴 서문.

13. Brian Stelter, "Gerald Tsai, Innovative Investor, Dies at 79," *New York Times*, July 11, 2008.

14. Bogle, 《슈퍼 머니》.

15. Smith, 《머니 게임》.

16. David N. Dremen, 《Psychology and the Stock Market》 (New York: Amacom, 1977), 84.
17. Brooks and Lewis, 《The Go-Go Years》, 162.
18. Dremen, 《Psychology and the Stock Market》, 93.
19. Brooks and Lewis, 《The Go-Go Years》, 162.
20. Lowenstein, 《버핏》.
21. The Editors of Institutional Investor, 《The Way It Was: An Oral History of Finance 1967 – 1987》 (New York: William Morrow & Co., 1988), 138.

8장. 워런 버핏

1. Daniel Kahneman, Jack L. Knetsch, and Richard H. Thaler, "Anomalies: The Endowment Effect, Loss Aversion, and Status Quo Bias," *Journal of Economic Perspectives* 5, no. 1 (Winter 1991): 193 – 206.
2. Robert Shiller, 《비이성적 과열(Irrational Exuberance)》 (Princeton, NJ: Princeton University Press, 2000).
3. David Dreman, 《데이비드 드레먼의 역발상 투자(Contrarian Investment Strategies: The Psychological Edge)》 (New York: Free Press, 2012).
4. Lowenstein, 《버핏》.
5. 같은 책.
6. Warren Buffett, 버핏 투자조합 Letter, October 9, 1967.
7. Warren Buffett, 2016 버크셔 해서웨이 연차 보고서, February 25, 2017.
8. Buffett, 2014 버크셔 해서웨이 연차 보고서, February 25, 2015.
9. Buffett, 2016 버크셔 해서웨이 연차 보고서.
10. Lowenstein, 《버핏》.
11. 같은 책.
12. Schroeder, 《스노볼》.
13. Buffett, 2016 버크셔 해서웨이 연차 보고서.
14. Lowe, 《찰리 멍거 자네가 옳아!》.
15. Buffett, 1991 버크셔 해서웨이 연차 보고서, February 28, 1992.
16. *New York Times*, "Company News; Berkshire Hathaway Set to Acquire Dexter Shoe," October 1, 1993에서 인용.

17. Buffett, 1993 버크셔 해서웨이 연차 보고서, March 1, 1994.

18. Schroeder, 《스노볼》.

19. Tren Griffin, 《찰리 멍거(Charlie Munger: The Complete Investor)》 (New York: Columbia University Press, 2015).

20. Dale Griffin and Amos Tversky, "The Weighing of Evidence and the Determinants of Confidence," *Cognitive Psychology* 24 (1992): 411 – 435.

21. Anthony Bianco, "The Warren Buffett You Don't Know," Bloomberg.com, July 5, 1999.

22. Buffett, 1999 버크셔 해서웨이 연차 보고서, March 1, 2000.

23. Buffett, 2000 버크셔 해서웨이 연차 보고서, February 28, 2001.

24. Buffett, 2014 버크셔 해서웨이 연차 보고서, February 25, 2015.

9장. 빌 애크먼

1. Fidelity Investments, "Fidelity Research Reveals Traders' Motivations beyond Investment Gains," press release, January 27, 2012.

2. E. S. Browning, "Fun Fades at Investing Clubs," *Wall Street Journal*, February 3, 2013.

3. Gretchen Morgenson and Geraldine Fabrikant, "A Rescue Ploy Now Haunts a Hedge Fund That Had It All," *New York Times*, January 19, 2003.

4. William D. Cohan, "The Big Short War," *Vanity Fair*, April 2013.

5. Jonathan R. Laing, "Meet Mr. Pressure," *Barron's*, December 5, 2005.

6. 같은 글.

7. David Stowell, 《Investment Banks, Hedge Funds, and Private Equity》 (London: Academic Press, 2018), viii – x.

8. Jesse Eisinger, "Hedge–Fund Man at McDonald's," *Wall Street Journal*, September 28, 2005.

9. Bethany McLean, "Taking on McDonald's," *CNN Money*, December 15, 2005.

10. Joe Nocera, "Short Seller Sinks Teeth into Insurer," *New York Times*, December 1, 2007.

11. William D. Cohan, "Is Bill Ackman Toast?" *Vanity Fair*, October 17, 2016.

12. Cohan, "The Big Short War."

13. Steve Schaefer, "Ackman Takes Ax to Herbalife, Company 'Not an Illegal Pyramid

Scheme,'" *Forbes*, December 20, 2012.

14. Pershing Square Capital Management, LP, "Who Wants to Be a Millionaire?" (presentation, December 20, 2012).

15. 앤드류 로스 소킨과의 인터뷰, First on CNBC breaking news interview, December 20, 2012.

16. Cohan, "The Big Short War"에서 인용.

17. 크리스티나 알레시와의 인터뷰, *CNN Money*, July 22, 2014.

18. Cohan, "Is Bill Ackman Toast?"

19. Nocera, "Short Seller"에서 인용.

20. Pershing Square Capital Management, "Who Wants to Be a Millionaire?"

21. Roger Parloff, "Herbalife Deal Poses Challenges for the Industry," *Fortune*, July 19, 2016.

22. *Betting on Zero* (motion picture), Filmbuff and Biltmore Films, 2016.

10장. 스탠리 드러켄밀러

1. Charles D. Ellis, 《나쁜 펀드매니저와 거래하라(Winning the Loser's Game)》, 7th edition (New York: McGraw-Hill, 2017).

2. 같은 책.

3. Cullen Roche의 트위터, @cullenroche, August 24, 2015.

4. Michael Batnick, "When Something Is Obvious," *The Irrelevant Investor*, July 21, 2017 에서 인용.

5. Introduction to Stanley Druckenmiller's speech at the Lost Tree Club, Palm Beach, Florida, January 18, 2015.

6. Sebastian Mallaby, 《헤지펀드 열전(More Money Than God)》 (New York: Council on Foreign Relations, 2011).

7. Jack D. Schwager, 《새로운 시장의 마법사들(The New Market Wizards)》 (New York: HarperBusiness, 1994).

8. Druckenmiller, speech at the Lost Tree Club.

9. 같은 글.

10. Schwager, 《새로운 시장의 마법사들》.

11. 같은 책.

12. 같은 책.

13. 같은 책.

14. Mallaby, 《헤지펀드 열전》.

15. 같은 책.

16. 같은 책.

17. 같은 책.

18. 같은 책.

19. Edward Wyatt, "Market Place; Soros Advisers to Establish Separate Firm," *New York Times*, May 18, 1999.

20. Mallaby, 《헤지펀드 열전》.

21. Gregory Zuckerman, "How the Soros Funds Lost Game of Chicken against Tech Stocks," *Wall Street Journal*, May 22, 2000에서 인용.

22. Floyd Norris, "Another Technology Victim; Top Soros Fund Manager Says He 'Overplayed,'" *New York Times*, April 29, 2000에서 인용.

23. Stanley Druckenmiller, introductory remarks, Ira Sohn Conference, New York, May 8, 2017.

24. Charlie Munger, 웨스코 주주총회 개회사, Pasadena, CA, May 7, 2003.

25. Druckenmiller, speech at the Lost Tree Club.

11장. 세쿼이아

1. Buffett, 1994 버크셔 해서웨이 연차 보고서, March 7, 1995.

2. Hendrick Bessembinder, "Do Stocks Outperform Treasury Bills?," *Journal of Financial Economics*, November 22, 2017.

3. Thomas Heath, "An Epic Winning Streak on Wall Street – Then One Ugly Loss," *Washington Post*, August 12, 2017.

4. 같은 글.

5. Ruane, Cunniff & Goldfarb, "Sequoia Fund," www.sequoiafund.com, December 2017.

6. Buffett, "The Superinvestors of Graham-and-Doddsville," 《Hermes》 (New York: Columbia Business School, 1984).

7. Ruane, Cunniff & Goldfarb, 2016 세쿼이아 펀드 연차 보고서, December 31, 2016.

8. 저자가 계산함.

9. S&P500 인덱스펀드가 1976년에 처음 나와서 그 전까지는 이런 투자가 불가능했으므로 저자가 계산함.

10. 블룸버그 데이터를 기반으로 저자가 계산함.

11. Ruane, Cunniff & Goldfarb, 2010 세쿼이아 펀드 연차 보고서, December 31, 2010.

12. 같은 글.

13. Steven Goldberg, "What I Learned from Sequoia Fund's Tragic Love Affair with Valeant," *Kiplinger*, April 29, 2016.

14. 같은 글.

15. 같은 글.

16. StreetInsider.com, "Imprimis Pharma (IMMY) Announces Lower-Cost Option to Valeant's (VRX) Lead Poisoning Treatment," October 17, 2016.

17. Bob Bryan, "Warren Buffett and Charlie Munger Just Destroyed Valeant at Berkshire's Annual Meeting," *Business Insider*, April 30, 2016에서 인용함.

18. Citron Research, "Valeant: Could This Be the Pharmaceutical Enron?," October 21, 2015.

19. Ruane, Cunniff & Goldfarb, 주주 서한, October 28, 2015.

20. James B. Stewart, "Huge Valeant Stake Exposes Rift at Sequoia Fund," *New York Times*, November 12, 2015.

21. Heath, "An Epic Winning Streak."

22. Lucinda Shen, "Valeant's Second Largest Investor Just Dumped the Rest of Its Stock," *Fortune*, July 13, 2017.

12장. 존 메이너드 케인스

1. Kathryn Vasel, "It Costs $233,610 to Raise a Child," *CNN Money*, January 9, 2017.

2. Jessica Dickler, "The Rising Cost of Raising a Child," *CNN Money*, September 21, 2011.

3. Trader, Public Broadcasting Service (PBS), 1987.

4. Odds Shark, odds calculator.

5. Steven Crist, "Steven Crist on Value," ValueWalk, September 10, 2016.

6. John Maynard Keynes, 《고용, 이자 및 화폐의 일반 이론(General Theory of Employment, Interest, and Money》 (New York: Harvest/Harcourt, 1964), Chapter 12. (Originally published in 1935.)

7. John C. Bogle, "Keynes the Investor," foreword to 《Way to Wealth》 by John F. Wasik (New York: McGraw-Hill Education, 2013), x.

8. John Wasik, "Warren Buffett's Secret Sauce," *Forbes*, February 26, 2014

9. George Soros, 《금융의 연금술(The Alchemy of Finance)》 (Hoboken, NJ: Wiley, 2003) (Originally published in 1987.)

10. Peter L. Bernstein, 《위험, 기회, 미래가 공존하는 리스크(Against the Gods)》 (New York: Wiley, 1996).

11. Louis M. Hacker, "John Maynard Keynes: He Casts a Long Shadow, but Was He Right?," *New York Times*, June 28, 1959.

12. John K. Galbraith, "'Came the Revolution,' Review of Keynes' General Theory," *New York Times Book Review*, May 16, 1965.

13. "John Maynard Keynes – Timeline," MaynardKeynes.org, December 2017.

14. John Maynard Keynes, 《평화의 경제적 결과(The Economic Consequences of the Peace)》 (New York: HarperCollins, 1971). (Originally published in 1919.)

15. Liaquat Ahamed, 《금융의 제왕(Lords of Finance)》 (New York: Penguin, 2009), 165.

16. John F. Wasik, 《Way to Wealth》 (New York: McGraw-Hill Education, 2013), 19.

17. Ahamed, 《금융의 제왕》.

18. Nitin Mehta, "Keynes the Investor: Lessons to Be Learned," 2017 CFA Institute European Investment Conference, Berlin, Germany, November 16 – 17, 2017.

19. MaynardKeynes.org, "Keynes the Investor," December 2017.

20. Polly Hill, 《Lydia and Maynard》 (New York: Scribner, 1990), 17.

21. Wasik, 《Way to Wealth》, 48.

22. Letter to the chairman of the Provincial insurance company, 1942.

23. Keynes, 《고용, 이자 및 화폐의 일반 이론》, Chapter 12.

24. Wasik, 《Way to Wealth》, 109.

25. 같은 책.

26. John Maynard Keynes, "Memorandum for the Estates Committee, Kings College," Cambridge, UK, 1938.

27. John Maynard Keynes, 《A Tract on Monetary Reform》 (New York: Macmillan, 1924).

28. Keynes, 《고용, 이자 및 화폐의 일반 이론》, Chapter 12.

29. MaynardKeynes.org, "Keynes the Investor"의 데이터를 이용해 저자가 계산함.

30. Mehta, "Keynes the Investor."

13장. 존 폴슨

1. Patricia Sullivan, "William 'Bud' Post III; Unhappy Lottery Winner," *Washington Post*, January 20, 2006.

2. Deborah L. Jacobs, "Winning the Lottery Isn't Always a Happy Ending," *Forbes*, November 28, 2012.

3. Ric Edelman, "Why So Many Lottery Winners Go Broke," *Fortune*, January 15, 2016.

4. Michael Mauboussin, 《The Success Equation》 (Boston: Harvard Business Review, 2012), 17.

5. Mike Weiss and Katharine Burton, "John Paulson Is Struggling to Hold On to Client Money," Bloomberg.com, June 5, 2017.

6. Peter S. Goodman and Gretchen Morgenson, "Saying Yes, WaMu Built an Empire on Shaky Loans," *New York Times*, December 27, 2008.

7. Carol Lloyd, "Minorities Are the Emerging Face of the Subprime Mortgage Crisis," *San Francisco Gate*, April 13, 2007.

8. Gregory Zuckerman, 《The Greatest Trade Ever》 (New York: Crown Business, 2010), 42 – 50.

9. 같은 책, 107.

10. 같은 책, 72.

11. S&P/Case-Shiller U.S. National Home Price Index Y/O/Y % change.

12. 같은 책, 126.

13. 같은 책, 209.

14. 같은 책, 261.

15. Zuckerman, 《The Greatest Trade Ever》, 282에서 인용.

16. Alexandra Stevenson and Matthew Goldstein, "Paulson's Fall from Hedge Fund Stardom," *New York Times*, May 1, 2017.

17. Katya Wachtel, "The Top 25 Hedge Fund Earners In 2010," *Business Insider*, April 4,

2011.

18. *Forbes*, "Most Valuable Athletes and Teams," July 21, 2010.

19. Charles D. Ellis. 《The Index Revolution》 (Hoboken, NJ: Wiley, 2016).

14장. 찰리 멍거

1. 웨스코 주주총회, 2002.

2. 버크셔 해서웨이 주주총회, 2006.

3. USC Business School, 1994.

4. Lowe, 《찰리 멍거 자네가 옳아!》.

5. 같은 책.

6. BBC 인터뷰, 2012.

7. Lowe, 《찰리 멍거 자네가 옳아!》.

8. 같은 책.

9. Superior Court of the State of California for the County of Los Angeles, Metropolitan News Company v. Daily Journal Corporation and Charles T. Munger, July 1, 1999, Vol. 12, p. 1815.

10. Charles Munger, 블루칩 스탬프 주주 서한 1978~1982.

11. Lowe, 《찰리 멍거 자네가 옳아!》.

12. 웨스코 주주총회, 2002.

13. Jason Zweig, "A Fireside Chat with Charlie Munger," *Wall Street Journal*, September 12, 2014.

15장. 크리스 사카

1. VW Staff, "Michael Mauboussin: What Have You Learned in the Past 2 Seconds?," *ValueWalk*, February 6, 2015.

2. J. P. Morgan, "Guide to the Markets," November 30, 2017.

3. Jane Spencer, "Lessons from the Brain-Damaged Investor," *Wall Street Journal*, July 21, 2005.

4. Jessica Chia, "Apple Co-founder Who Sold His 10 Percent Stake for Just $800 Has Never Owned Any of the Company's Products and Insists He Doesn't Regret a Thing," *Daily Mail*, July 13, 2017.

5. Scott Austin, Chris Canipe, and Sarah Slobin, "The Billion Dollar Startup Club," *Wall Street Journal*, February 18, 2015.

6. 팀 페리스와의 인터뷰. *The Tim Ferriss Show podcast*, October 29, 2015.

7. Jillian D'Onfro, "Investor That Owns 4% of Uber 'Barely Speaks' with Uber's CEO," *Business Insider*, March 25, 2015.

8. Crunchbase, "Series A – Twitter," December 2017.

9. Yolanda's Little Black Book, "Billionaire Chris Sacca's Baller Real Estate Portfolio," December 15, 2016.

10. Crunchbase, "Series A – Instagram," December 2017.

11. 팀 페리스와의 인터뷰.

12. Neha Dimri, "GoPro's IPO Priced at $24 per Share: Underwriter," Reuters, June 25, 2014.

13. 팀 페리스와의 인터뷰.

14. 빌 사이먼스와의 인터뷰. "Episode 95: Billionaire Investor Chris Sacca," *The Bill Simmons Podcast*, April 28, 2016.

15. Portia Crowe, "Snap Is Going Public at a $24 Billion Valuation," *Business Insider*, March 1, 2017.

16. 빌 사이먼스와의 인터뷰.

17. Lauren Thomas, "Airbnb Just Closed a $1 Billion Round and Became Profitable in 2016," CNBC.com, March 9, 2017.

18. SEI, "Behavioral Finance: Loss and Regret Aversion," September 2014.

16장. 마이클 배트닉

1. Joe Summa, "Do Option Sellers Have a Trading Edge?" Investopedia.

2. Ray Dalio, 《원칙(Principles)》 (New York: Simon & Schuster, 2017)에서 인용.

투자 대가들의 위대한 오답 노트

초판 1쇄 | 2019년 4월 25일
    4쇄 | 2024년 8월 25일

지은이 | 마이클 배트닉
옮긴이 | 김인정

펴낸곳 | 에프엔미디어
펴낸이 | 김기호
편집 | 김형렬, 양은희
디자인 | 채홍디자인

신고 | 2016년 1월 26일 제2018-000082호
주소 | 서울시 용산구 한강대로 295, 503호
전화 | 02 – 322 – 9792
팩스 | 0303 – 3445 – 3030
이메일 | fnmedia@fnmedia.co.kr
홈페이지 | http://www.fnmedia.co.kr

ISBN | 979-11-88754-13-7

이 도서의 국립중앙도서관 출판예정도서목록(CIP)은
서지정보유통지원시스템 홈페이지(http://seoji.nl.go.kr)와
국가자료공동목록시스템(http://www.nl.go.kr/kolisnet)에서 이용하실 수 있습니다.
(CIP제어번호: CIP2019013658)